Lecture Notes in Mathematics

A collection of informal reports and seminars
Edited by A. Dold, Heidelberg and B. Eckmann, Zürich

213

H. Hogbe-Nlend

Théorie des Bornologies et Applications

Springer-Verlag
Berlin · Heidelberg · New York

This series aims to report new developments in mathematical research and teaching - quickly, informally and at a high level. The type of material considered for publication includes:

1. Preliminary drafts of original papers and monographs
2. Lectures on a new field, or presenting a new angle on a classical field
3. Seminar work-outs
4. Reports of meetings

Texts which are out of print but still in demand may also be considered if they fall within these categories.

The timeliness of a manuscript is more important than its form, which may be unfinished or tentative. Thus, in some instances, proofs may be merely outlined and results presented which have been or will later be published elsewhere.

Publication of *Lecture Notes* is intended as a service to the international mathematical community, in that a commercial publisher, Springer-Verlag, can offer a wider distribution to documents which would otherwise have a restricted readership. Once published and copyrighted, they can be documented in the scientific literature. -

Manuscripts

Manuscripts are reproduced by a photographic process; they must therefore be typed with extreme care. Symbols not on the typewriter should be inserted by hand in indelible black ink. Corrections to the typescript should be made by sticking the amended text over the old one, or by obliterating errors with white correcting fluid. Should the text, or any part of it, have to be retyped, the author will be reimbursed upon publication of the volume. Authors receive 75 free copies.

The typescript is reduced slightly in size during reproduction; best results will not be obtained unless the text on any one page is kept within the overall limit of 18x26.5 cm (7x10½ inches). The publishers will be pleased to supply on request special stationery with the typing area outlined.

Manuscripts submitted must amount to at least 100 pages.

Manuscripts in English, German or French should be sent to Prof. Dr. A. Dold, Mathematisches Institut der Universität Heidelberg, Tiergartenstraße or Prof. Dr. B. Eckmann, Eidgenössische Technische Hochschule, Zürich.

Lecture Notes in Physics

Bisher erschienen/Already published

Vol. 1: J. C. Erdmann, Wärmeleitung in Kristallen, theoretische Grundlagen und fortgeschrittene experimentelle Methoden. II, 283 Seiten. 1969. DM 20,–

Vol. 2: K. Hepp, Théorie de la renormalisation. III, 215 pages. 1969. DM 18,–

Vol. 3: A. Martin, Scattering Theory: Unitarity, Analytic and Crossing. IV, 125 pages. 1969. DM 14,–

Vol. 4: G. Ludwig, Deutung des Begriffs physikalische Theorie und axiomatische Grundlegung der Hilbertraumstruktur der Quantenmechanik durch Hauptsätze des Messens. XI, 469 Seiten. 1970. DM 28,–

Vol. 5: M. Schaaf, The Reduction of the Product of Two Irreducible Unitary Representations of the Proper Orthochronous Quantummechanical Poincaré Group. IV, 120 pages. 1970. DM 14,–

Vol. 6: Group Representations in Mathematics and Physics. Edited by V. Bargmann. V, 340 pages. 1970. DM 24,–

Vol. 7: R. Balescu, J. L. Lebowitz, I. Prigogine, P. Résibois, Z. W. Salsburg, Lectures in Statistical Physics. V, 181 pages. 1971. DM 18,–

Vol. 8: Proceedings of the Second International Conference on Numerical Methods in Fluid Dynamics. Edited by M. Holt. IX, 462 pages. 1971. DM 28,–

Lecture Notes in Mathematics

A collection of informal reports and seminars
Edited by A. Dold, Heidelberg and B. Eckmann, Zürich

213

H. Hogbe-Nlend
Université de Bordeaux, Talence/France

Théorie des Bornologies et Applications

Springer-Verlag
Berlin · Heidelberg · New York 1971

AMS Subject Classifications (1970): Primary: 46 A 09
Sexondary: 46 A xx, 46 N 05

ISBN 3-540-05546-0 Springer Verlag Berlin · Heidelberg · New York
ISBN 0-387-05546-0 Springer Verlag New York · Heidelberg · Berlin

Offsetdruck: Julius Beltz, Hemsbach/Bergstr.

INTRODUCTION

Il est aujourd'hui généralement reconnu que dans de nombreuses questions importantes de l'Analyse Fonctionnelle contemporaine, la notion de "partie bornée" peut prendre le pas sur celle de "voisinage de zéro"(*). La bornologie moderne est la recherche et l'étude systématiques de toutes les questions où les "bornés" sont naturellement appelés à jouer un rôle important et parfois fondamental. Le présent ouvrage fait le point des résultats fondamentaux de Bornologie obtenus ces dernières années et un aperçu de certaines applications. Il se divise en deux grandes parties : une partie de théorie générale des bornologies et une partie consacrée à des applications : applications aux espaces vectoriels topologiques (chap. VII ; IX et X), aux distributions vectorielles (chap. XII) et au calcul différentiel dans les espaces non normés (chap. XIII). L'auteur se propose d'exposer plus tard les applications de la Bornologie au calcul fonctionnel holomorphe (Travaux de L. Waelbroeck et de J.S.E. Silva) ; à la théorie des applications analytiques en dimension infinie ; à diverses questions relatives aux structures ordonnées (bornologie de l'ordre) et à la théorie des semi-groupes d'opérateurs...

Dans la rédaction de cet ouvrage, j'ai bénéficié de l'aide de mes élèves, dont chacun a fait une première rédaction de ses résultats personnels inclus dans le texte : J.F. Colombeau (chap. XIII) ; B. Perrot (chap. II et XI) ; J.P. Ligaud (chap. X) ; M.T. Saux (chap. XII). Que tous soient vivement remerciés.

Le contenu du présent ouvrage a fait l'objet de diverses publications, conférences et cours de 3e cycle à l'Université de Bordeaux pendant les années universitaires 1969-1970 et 1970-1971.

(*) cf. H. HOGBE-NLEND : Les racines historiques de la Bornologie Moderne. Séminaire CHOQUET, Paris, Janvier 1971 ; ou ([25] Introduction historique).

Je remercie très vivement L. SCHWARTZ et L. WAELBROECK qui ont lu le manuscrit de cet ouvrage et m'ont fait des remarques très bénéfiques.

Mes remerciements vont aussi au Personnel du Département de Mathématiques de Bordeaux, et plus particulièrement à Melle A. VERGES qui a assuré avec compétence et dévouement la réalisation technique du présent travail.

Je remercie les Editions SPRINGER, et plus particulièrement le Professeur A. DOLD d'avoir bien voulu accepter le présent travail pour les Lectures Notes.

BORDEAUX, Mars 1971

H. HOGBE-NLEND

TABLE DES MATIERES

CHAPITRE I

NOTIONS FONDAMENTALES

I. 1 - Soit X un ensemble. On appelle *bornologie* sur X, toute famille $\mathcal{B}$ de parties de X formant un recouvrement de X, héréditaire pour l'inclusion et stable par réunion finie. Un couple $(X, \mathcal{B})$ formé d'un ensemble X et d'une bornologie $\mathcal{B}$ sur X est dit *ensemble bornologique.* Les éléments de $\mathcal{B}$ sont alors *appelés* bornés de X. Une application d'un ensemble bornologique dans un autre est dite bornée si elle transforme un borné en un borné. Une bornologie $\mathcal{B}_1$ sur X est *plus fine* qu'une bornologie $\mathcal{B}_2$ sur X si $\mathcal{B}_1 \subset \mathcal{B}_2$, c'est-à-dire si l'identité $(X, \mathcal{B}_1) \to (X, \mathcal{B}_2)$ est borné. Un *isomorphisme bornologique* entre deux ensembles bornologiques est une bijection u telle que u et u^{-1} soient bornées.

Dans toute la suite, le lecteur doit constamment avoir à l'esprit que la relation de finesse entre bornologies est *l'opposée* de la relation d'inclusion. Ceci tient au caractère des morphismes.

On appelle *base d'une bornologie* $\mathcal{B}$ sur X, toute sous-famille $\mathcal{J}$ de $\mathcal{B}$ telle que tout élément de $\mathcal{B}$ soit contenu dans un élément de $\mathcal{J}$.

La *bornologie grossière* ou *bornologie la moins fine* sur X est celle pour laquelle toute partie de X est bornée. Elle a pour base $\{X\}$. La *bornologie discrète* ou *bornologie la plus fine* est celle pour laquelle les seules parties bornées sont les parties finies de X.

I. 2 - Exemples fondamentaux de bornologies

Exemple 1 : Sur tout ensemble ordonné filtrant supérieurement, l'ensemble des intervalles définit une bornologie appelée *bornologie de l'ordre*. Cette bornologie joue un rôle important en théorie des treillis et en théorie de la mesure.

Exemple 2 : Sur tout espace topologique T, l'ensemble des parties relativement compactes forme une bornologie appelée bornologie compacte de T. Plus généralement, l'ensemble des parties de T sur lesquelles toute fonction continue est bornée forme une bornologie (évidemment moins fine que la bornologie compacte). Cette bornologie joue un rôle important dans l'étude vectorielle topologique de l'espace $\mathcal{C}(T)$ des fonctions continues sur un espace topologique (Travaux de Nachbin, Shirota ... etc).

Exemple 3 : Sur tout espace uniforme U, l'ensemble des parties précompactes définit une bornologie qu'on appelle la bornologie précompacte de U. La seconde bornologie introduite à l'exemple 2 en est un cas particulier. Bourbaki ([5] chap. II, § 4, exercice 7, Ed. 1965) introduit la bornologie suivante sur tout espace uniforme : une partie $A \subset U$ est dite bornée si pour tout entourage V de U, il existe une partie finie F et un entier $n > 0$ tels que $A \subset \overset{n}{V}(F)$. Cette bornologie est moins fine que la bornologie précompacte.

Exemple 4 : Sur tout espace vectoriel topologique (evt), E l'ensemble des parties absorbées par tout voisinage de 0 forme une bornologie appelée bornologie de Von Neumann de l'espace E ou simplement bornologie canonique de E.

Exemple 5 : Soient E et F deux evt (espaces vectoriels topologiques) L'ensemble des parties équicontinues de l'espace $\mathcal{L}(E,F)$ des applications linéaires continues de E dans F forme une bornologie appelée bornologie équicontinue de $\mathcal{L}(E,F)$. Cette bornologie, qui joue un rôle fondamental en théorie des evt, n'est en général pas la bornologie de Von Neumann d'une σ-topologie sur $\mathcal{L}(E,F)$.

Exemple 6 : Soient X un ensemble ; σ une famille de parties de X ; $(F, \mathcal{B})$ un ensemble bornologique. Une famille B d'applications de X dans F est dite σ-bornée si pour tout $A \in \sigma$, $B(A) = \bigcup_{u \in B} u(A)$ est borné dans F. Soit H une partie de F^X, ensemble des applications de X dans F. Si tout point de H est σ-borné, les parties σ-bornées de H définissent sur H une bornologie dite σ-bornologie. Lorsque le couple (X, σ) est un ensemble bornologique, la σ-bornologie sur une partie H de F^X s'appelle la bornologie naturelle sur H. Une partie de H est bornée pour la bornologie naturelle si elle est "équibornée" sur tout borné de X. Par exemple, si E et F sont des evt la bornologie de Von-Neumann d'une σ-topologie sur $\mathcal{L}(E, F)$ n'est rien d'autre que la σ-bornologie.

Exemple 7 : Soit $\mathbb{K}$ un corps valué. L'ensemble des parties bornées pour la valeur absolue de $\mathbb{K}$ est une bornologie dite bornologie canonique de $\mathbb{K}$. On montrera plus loin qu'elle est essentiellement unique.

I. 3 - Opérations fondamentales sur les bornologies

La donnée d'une bornologie sur un ensemble est la donnée d'une structure (au sens de Bourbaki) dite structure bornologique. On définit alors de manière naturelle les bornologies initiales et finales avec respectivement comme cas particuliers fondamentaux les bornologies limites projectives, les bornologies induites d'une part, les bornologies limites inductives et quotient d'autre part. (cf [28]).

I. 4 - Bornologies vectorielles

Une bornologie sur un espace vectoriel sur un corps $\mathbb{K}$ (= $\mathbb{R}$ ou $\mathbb{C}$) est dite vectorielle ou compatible avec la structure d'espace vectoriel de E si les deux opérations $(x, y) \to x + y$ de ExE dans E et $(\lambda, x) \to \lambda x$ de $\mathbb{K}$xE dans E sont bornées.

Un espace vectoriel bornologique (en abrégé e. v. b.) est un couple $(E, \mathfrak{B})$ formé d'un espace vectoriel et d'une bornologie vectorielle $\mathfrak{B}$ sur E. Une famille $\mathfrak{B}$ de parties de E définit sur E une bornologie vectorielle si et seulement si elle forme un recouvrement héréditaire de E stable par somme vectorielle, par homothétie et par passage à l'enveloppe équilibrée.

La bornologie de Von Neumann d'un espace vectoriel topologique séparé E, sa bornologie compacte, précompacte... sont vectorielles. On note généralement $\mathbb{B}E$ l'espace vectoriel E muni de sa bornologie de Von Neumann. La bornologie équicontinue sur $\mathcal{L}(E,F)$ (cf. (I.2), exemple 5) est vectorielle. Si F est un evb et H un sous-espace vectoriel de F^X, la σ-bornologie sur H est vectorielle.

On définit également de manière très naturelle les opérations fondamentales : quotient, sous-espace, limite inductive vectorielle et limite projective. Par exemple si E est un evb et M un sous-espace vectoriel de E, la bornologie quotient sur $E/_M$ a pour base les images canoniques d'une base de E ; la bornologie induite a pour base les traces sur M d'une base de E. Soit E un espace vectoriel limite inductive d'un système inductif (E_i, f_{ji}) d'espaces vectoriels. Si l'on munit E_i d'une bornologie $\mathcal{B}_i$ et si $E = \bigcup_i f_i(E_i)$ où f_i est l'application canonique de E_i dans E, l'ensemble des $f_i(B_i)$ où B_i parcourt une base de $\mathcal{B}_i$ est une base de la bornologie limite inductive vectorielle sur E.

I.5 - Bornologies convexes

On dit qu'une bornologie vectorielle est convexe si elle admet une base de bornologie formée d'ensembles convexes. Elle possède alors une base formée de disques (convexes équilibrés). On appelle espace bornologique convexe (en abrégé ebc) tout espace vectoriel bornologique dont la bornologie est convexe. Pour tout disque borné B d'un ebc E, on note E_B l'espace vectoriel engendré par B et semi-normé par la jauge de B. En notant par π_{BA} l'injection canonique $E_A \to E_B$ pour $A \subset B$ il résulte immédiatement des définitions que $E = \varinjlim (E_B, \pi_{BA})$ (limite inductive bornologique).

I.6 - Bornologies topologiques et topologies bornologiques

Soient E un espace vectoriel ; $\mathcal{B}$ (resp. $\mathcal{T}$) une bornologie (resp. une topologie) vectorielle sur E. On dit que $\mathcal{B}$ et $\mathcal{T}$ sont compatibles si $\mathcal{B}$ est plus fine que $\mathcal{B}_{\mathcal{C}}$ où $\mathcal{B}_{\mathcal{C}}$ est la bornologie de Von-Neumann de $\mathcal{C}$. On dit aussi que la bornologie $\mathcal{B}$ (resp. la topologie $\mathcal{C}$) est compatible avec la topologie $\mathcal{C}$ (resp. avec la bornologie $\mathcal{B}$).

Une bornologie $\mathcal{B}$ étant donnée sur E, il existe sur E une topologie vectorielle (unique) la plus fine de toutes les topologies vectorielles compatibles avec $\mathcal{B}$. C'est (évidemment) la borne supérieure de toutes les topologies vectorielles compatibles avec $\mathcal{B}$. Cette topologie est appelée la topologie vectorielle associée à la bornologie $\mathcal{B}$. On note t E l'espace vectoriel E muni de cette topologie. Inversement, une topologie vectorielle $\mathcal{C}$ étant donnée sur un espace vectoriel F il existe sur F une bornologie vectorielle (unique) la moins fine de toutes les bornologies vectorielles compatibles avec $\mathcal{C}$. C'est (évidemment) la bornologie de Von-Neumann de $\mathcal{C}$. On note $\mathbb{B}$ F l'espace vectoriel F muni de cette bornologie. Si E est un evb, la bornologie $\mathbb{B}$ t E est moins fine que la bornologie donnée de E et les bornologies (vectorielles) sur E pour lesquelles $\mathbb{B}$t E = E sont appelées <u>bornologies topologiques</u>. On appelle <u>evb topologique</u> tout espace vectoriel muni d'une bornologie topologique. Si E est un evt, la topologie t $\mathbb{B}$ E est plus fine que la topologie donnée de E et les topologies (vectorielles) sur E pour lesquelles t $\mathbb{B}$ E = E sont appelées <u>topologies bornologiques</u>. On appelle <u>evt bornologique</u> tout espace vectoriel muni d'une topologie bornologique. Un evt E est bornologique si et seulement si toute application linéaire bornée de E dans un evt quelconque est continue. La notion d'evt bornologique est équivalente à la notion "d'espace ultra-bornologique" au sens de Iyahen [30]. Il existe des relations analogues entre topologies et bornologies convexes. A tout espace localement convexe E, on associe sa bornologie de Von-Neumann qui est convexe. A tout ebc E on associe l'espace localement convexe (eℓc) ayant une base de voisinages de (0) formée des disques bornivores de E. On note T E cet eℓc. En général, la topologie T$\mathbb{B}$E (resp. la bornologie $\mathbb{B}$ T E) sur un eℓc (resp. un ebc) E est <u>strictement</u> plus fine (resp. moins fine) que la topologie initiale (resp. la bornologie initiale). Les espaces localement convexes bornologiques au sens usuel sont précisément ceux pour lesquels la topologie T$\mathbb{B}$E coïncide avec la topologie initiale. On dit qu'un <u>ebc E est topologique</u> si $E = \mathbb{B}TE$.

I. 7 - <u>Exemples simples de bornologies convexes séparées non topologiques</u>

1) Soit E un espace localement convexe séparé et quasi-complet possédant un borné non relativement compact, par exemple un Banach de dimension infinie. Notons E_c l'espace bornologique convexe obtenu en munissant E de la bornologie ayant pour base les disques compacts de E. E_c n'est pas topologique : en effet, notons E_o l'espace E muni de sa bornologie de Von-Neumann. L'injection $E_o \to E_c$ n'est pas bornée, mais est bornée sur toute suite de E convergeant vers (0) pour la topologie (a fortiori au sens de Mackey), donc la bornologie de E_c n'est pas topologique.

2) La bornologie vectorielle séparée minimale sur tout espace vectoriel E de dimension infinie n'est pas topologique. En effet, il est clair que la topologie localement convexe TE n'est pas séparée (elle est même grossière) c'est-à-dire la bornologie $\mathbb{B}TE$ n'est pas séparée donc est strictement moins fine que la bornologie initiale de E. (cf. II 9 pour la définition de la bornologie vectorielle séparée minimale).

3) Généralisant l'exemple 2, tout ebc séparé dont la topologie TE est grossière (et on verra de nombreux exemples plus loin) n'est pas topologique.

4) Les diverses bornologies usuelles sur un espace localement convexe autres que la bornologie de von Neumann (bornologie compacte, précompacte, à "décroissance rapide"...) ne sont pas en général topologiques. -

CHAPITRE II

LA MACKEY-CONVERGENCE

II. 1 - Convergence des suites au sens de Mackey

En 1942, G. W. Mackey [40] introduisit dans sa théorie des "systèmes linéaires" (espaces vectoriels en dualité) une importante notion de convergence des suites ne dépendant que des parties faiblement bornées du système considéré. Une notion équivalente de convergence fut considérée dès 1938 par G. Fichtenholz. Plusieurs auteurs notamment Köthe et Grothendieck ont étudié ou utilisé cette notion de convergence dans le cadre des espaces vectoriels topologiques localement convexes. Il semble que le cadre des evb soit le cadre naturel de la convergence au sens de Mackey. On pose la définition suivante :

Définition 1 : Soit E un evb.

On dit qu'une suite (x_n) dans E converge au sens de Mackey (ou converge bornologiquement) vers un point $x \in E$ s'il existe une suite λ_n de nombres réels positifs, décroissante et tendant vers 0 telle que la suite

$$\frac{x_n - x}{\lambda_n}$$

soit bornée.

On note $x_n \overset{M}{\to} x$ l'expression "la suite (x_n) converge vers x au sens de Mackey". Il est clair que $x_n \overset{M}{\to} x$, $y_n \overset{M}{\to} y$ et $\lambda_n \overset{M}{\to} \lambda$ dans $\mathbb{K}$ entraînent $x_n + y_n \overset{M}{\to} x + y$ $\lambda_n x_n \overset{M}{\to} \lambda x$.

La notion de convergence des suites au sens de Mackey, qu'on appellera la Mackey-convergence, ou la convergence bornologique jette de façon évidente le pont entre la théorie des structures bornologiques et la théorie des structures séquentielles inaugurée par M. Fréchet vers 1920.

II. 2 - Exemples usuels de Mackey-convergence

On rencontre en analyse diverses importantes notions de convergence qui en fait ne sont que des cas particuliers de la Mackey-convergence. Signalons certains de ces exemples.

Exemple 1 : La convergence opérationnelle de Mikusinski

Le corps opérationnel de Mikusinski [46] et [53] est canoniquement muni d'une structure d'espace bornologique convexe pour laquelle la convergence au sens de Mackey est strictement équivalente à la convergence opérationnelle. Cette importante remarque est la motivation de base de la théorie des distributions dans les espaces bornologiques.

Exemple 2 : La stricte convergence de Laurent Schwartz

L. Schwartz et M. de Wilde [70] ont introduit récemment pour les besoins de la théorie des relèvements de suites convergentes une notion de "stricte convergence" dans les espaces vectoriels topologiques localement convexes : une suite (y_n) dans un espace localement convexe E est dite strictement convergente vers 0 dans E ou "très convergente" vers 0 dans E, s'il existe un triplet $(F, u, (x_n))$ formé d'un espace de Fréchet F, d'une suite (x_n) de F convergente vers 0 et d'une application $u : F \to E$ linéaire continue telle que $u(x_n) = y_n$. Au fond une suite (y_n) est strictement convergente dans E si et seulement si elle converge au sens de Mackey dans l'espace bornologique convexe $(E, \mathcal{B}_{cc})$ où $\mathcal{B}_{cc}$ est la bornologie convexe définie par les disques compacts de E, comme on le vérifie immédiatement.

Exemple 3 : Divers auteurs (Köthe, Grothendieck...) ont introduit en théorie des espaces localement convexes la notion de condition de convergence de Mackey. Un espace localement convexe vérifie la condition de convergence de Mackey si la convergence des suites dans E est équivalente à la convergence au sens de Mackey dans l'espace bornologique convexe $(E, \mathcal{B})$ où $\mathcal{B}$ est la bornologie de Von-Neumann de E. Tout espace localement convexe métrisable vérifie cette condition. Il en est de même de tout dual fort d'un espace de Schwartz quasi-tonnelé ou plus généralement du dual fort d'un espace quasi-tonnelé et "quasi-normable" au sens de Grothendieck [23]. Il en est par conséquent ainsi de la convergence usuelle dans la plupart des espaces de distributions et dans les espaces usuels de fonctions holomorphes. Signalons que le problème de caractériser de façon précise les espaces localement convexes vérifiant la condition de convergence de Mackey est encore ouvert.

II. 3 - La convergence des filtres au sens de Mackey

Il est utile pour l'étude de diverses questions de généraliser la convergence de Mackey aux filtres. On pose la définition suivante :

Définition 2 : Soit E un evb.

Φ un filtre sur E.

. On dit que Φ converge vers 0 au sens de Mackey (ou M-converge vers 0 ou converge bornologiquement vers 0), s'il existe un borné B de E tel que :

$\Phi \supset \mathbb{K} B = \{\lambda B \,;\, \lambda \in \mathbb{K}\}$ c'est-à-dire, pour tout $\lambda \in K$, λB appartient à Φ.

. Une base de filtre Φ_o sera dite M-convergente vers 0 si le filtre engendré par Φ_o M-converge vers 0.

. Un filtre Φ sera dit M-convergeant vers x dans E si la base de filtre $\Phi - x = \{M - x \,;\, M \in \Phi\}$ M-converge vers 0.

Il est clair qu'une suite (x_n) dans E M-converge vers 0 si le filtre de Fréchet associé à cette suite M-converge vers 0.

Remarques :

Le filtre des homothétiques d'un borné équilibré M-converge évidemment vers 0 et la borne inférieure des filtres M-convergeant vers 0

est précisément le filtre des parties bornivores de E. Un filtre M-convergeant est nécessairement borné. Donc le filtre des parties bornivores M-converge vers 0 si et seulement si E possède un borné bornivore. Si un point $x \in E$ est limite d'un filtre Mackey convergent, il est aussi limite d'une suite Mackey convergente. Ceci n'implique cependant pas que la convergence de Mackey étendue aux filtres soit illusoire, comme le montrent les résultats ultérieurs.

De nombreux auteurs, notamment Frölicher et Bucher [20] ont introduit en Analyse Fonctionnelle de nouvelles structures "pseudo-topologiques". La notion de M-convergence des filtres sur un evb jette le pont entre la théorie des structures bornologiques et des structures pseudo-topologiques vectorielles, particulièrement les structures à limites de Frölicher et Bucher, ainsi que le montreront les résultats ci-après.

II. 4 - La Mackey-continuité

Définition : Soient E et F deux evb et $f : E \to F$ une application.

On dit que f est <u>séquentiellement M-continue</u> si $x_n \overset{M}{\to} x$ entraîne $f(x_n) \overset{M}{\to} f(x)$.

On dit que f est <u>M-continue</u> si pour tout filtre Φ de E M-convergeant vers $x \in E$ alors la base de filtre $f(\Phi)$ M-converge vers $f(x)$ dans F.

PROPOSITION 1 : *Soient* E *et* F *deux evb.*

$f : E \to F$ *linéaire.*

1) *Les deux assertions suivantes sont équivalentes* :

a) f *est M-continue* ;

b) f *est bornée.*

2) *Si* F *est un evb topologique, les assertions* a) *et* b) *sont équivalentes aux assertions suivantes* :

c) f *est M-séquentiellement continue.*

d) l'image par f de toute suite x_n de E M-convergente vers 0 est bornée dans F.

e) l'image par f de toute suite bornée de E est bornée dans F.

Remarque :

Si la bornologie de F n'est pas topologique, la M-convergence séquentielle ne suffit pas pour caractériser les applications linéaires bornées. Par exemple soit E un espace de Banach de dimension infinie et E_c l'espace vectoriel E muni de sa bornologie définie par les disques compacts de E. L'identité $E \to E_c$ n'est pas bornée, donc n'est pas M-continue, mais est séquentiellement M-continue. En effet, $\|x_n\| \leq \lambda_n$ où (λ_n) est une suite de réels positifs et décroissant vers 0, l'ensemble $\{x_n/\sqrt{\lambda_n}\}$ est contenu dans K où K est un compact enveloppe disquée fermée de l'ensemble $\{\frac{x_n}{\sqrt{\lambda_n}} \cup \{0\}\}$.

On retrouve ainsi que E_c n'est pas topologique et comme il est de toute évidence de "Kolmogoroff," la proposition ci-dessus est en général fausse même si la bornologie de F est de caractère dénombrable. (On dit qu'une bornologie $\mathcal{B}$ sur un ensemble X est de Kolmogoroff ou de caractère dénombrable si une partie A de X est bornée pour $\mathcal{B}$ dès que toute suite de A est bornée pour $\mathcal{B}$).

II. 5 - Topologisation de la M-convergence. Topologie de la M-fermeture

Il est intéressant et utile de savoir si la convergence de Mackey est "topologisable", autrement dit s'il existe nécessairement une topologie $\mathcal{T}$ sur un evb E telle que l'ensemble des filtres (resp. des suites) convergeant au sens de Mackey soit exactement l'ensemble des filtres (resp. des suites) convergeant au sens de $\mathcal{T}$. Les réponses sont négatives dans le cas général. De façon précise on a le critère suivant :

PROPOSITION 1 : Soit E un evb.
Pour que la convergence au sens de Mackey (pour les filtres) soit topologisable, il faut et il suffit que E soit simple, c'est-à-dire possède un borné bornivore.

Preuve : En effet, si la M-convergence pour les filtres est topologisable, la borne inférieure des filtres M-convergeant vers 0, c'est-à-dire l'ensemble des parties bornivores de E, M-converge vers (0) donc E possède un borné bornivore. Inversement, si E possède un borné bornivore, A l'ensemble des homothétiques de ce borné, qu'on peut supposer équilibré, définit sur E une topologie vectorielle $\mathcal{T}$ pour laquelle E est un evt localement borné et la convergence des filtres pour $\mathcal{T}$ est équivalente à la M-convergence.

Cette démonstration montre que si la M-convergence pour les filtres est topologisable, la topologie qui la définit est métrisable et même localement bornée.

Si E est un espace vectoriel topologique, tout filtre M-convergeant converge pour la topologie. La réciproque est en général fausse même si E est métrisable.

Définition : On dit qu'un espace vectoriel topologique vérifie la condition de convergence de Mackey (resp. de Mackey pour les filtres) si toute suite (resp. tout filtre) convergeant vers 0 au sens topologique converge vers 0 au sens de Mackey.

COROLLAIRE : Les seuls espaces vectoriels topologiques qui vérifient la condition de convergence de Mackey pour les filtres sont les evt localement bornés.

La situation n'est pas aussi claire pour la M-convergence séquentielle. Le problème de la topologisation de la M-convergence séquentielle est en fait un cas particulier du problème général de la topologisation d'une notion de "convergence de type (L)" dans un ensemble quelconque, problème largement étudié par divers auteurs. (Voir par exemple J. Kisynski [34]). Décrivons tout d'abord une topologie naturelle sur tout evb, définie par les suites M-convergentes.

PROPOSITION 2 : Soient E un evb et O une partie de E. Les assertions suivantes sont équivalentes :

(i) Pour tout $x \in O$, $O - x = \{a - x \; ; \; a \in O\}$ est bornivore dans E ;

(ii) Pour tout $x \in O$ et pour toute suite (x_n) telle que $x_n \overset{M}{\to} x$, alors il existe un entier n_o tel que pour $n \geqslant n_o$, $x_n \in O$.

Preuve : Immédiate.

PROPOSITION 3 et Définitions :

L'ensemble des parties O de E vérifiant les propriétés équivalentes de la Proposition 2 sont les ouverts d'une topologie sur E notée τE. On dit que de telles parties sont M-ouvertes (Mackey-ouvertes). Leurs complémentaires seront dites M-fermées ou b-fermées (bornologiquement fermées) et la topologie τE sera dite topologie de la M-fermeture ou de la b-fermeture dans E.

On note $\overline{A}$ la fermeture d'une partie A de E pour la topologie τE et on l'appelle M-fermeture de A dans E, (ou b-fermeture de A dans E). On appelle M-adhérence (ou b-adhérence) de A dans E, et on note $A^{(1)}$ l'ensemble des limites de Mackey dans E de suites de points de A. Il est clair que la partie A est M-fermée dans E si et seulement si $A = A^{(1)}$. Mais $A^{(1)}$ n'est pas nécessairement M-fermée, autrement dit on peut avoir $A^{(1)} \neq A^{(2)} = (A^{(1)})^{(1)}$.

La partie A étant donnée, on définit par récurrence transfinie pour tout ordinal α sans précédent, $A^{(\alpha)} = \bigcup_{\beta \leqslant \alpha} A^{(\beta)}$ et sinon $A^{(\alpha)} = (A^{(\alpha-1)})^{(1)}$.

Puisque le processus de passage d'un ensemble à sa M-adhérence est de caractère dénombrable, on a $\overline{A} = A^{(\Omega)}$ où Ω est le premier ordinal transfini non dénombrable.

<u>Définition</u> : On dit qu'un evb possède la <u>propriété de la M-fermeture</u> (ou propriété de la b-fermeture) si la M-adhérence de toute partie de A est M-fermée.

On verra au N°II. 7 que les evb qui ne possèdent pas cette propriété se rencontrent très fréquemment en Analyse.

La topologie de la M-fermeture a des propriétés intéressantes résumées par la proposition suivante :

<u>PROPOSITION 4</u> : <u>Soit E un evb</u>.

(i) <u>Si E est séparé, la topologie τE est T_1 c'est-à-dire accessible mais n'est pas nécessairement séparée</u>.

(ii) <u>La topologie τE est semi-vectorielle c'est-à-dire invariante par translation et par homothétie. Elle possède une base de voisinages de (0) formée d'ensembles bornivores et équilibrés. Cette topologie n'est pas nécessairement vectorielle.</u>

<u>Preuve</u> : L'accessibilité de τE lorsque E est séparé est immédiate. C'est

d'ailleurs une propriété générale bien connue des topologies analogues définissables sur tout espace de type (L) au sens de [34]. La caractérisation des parties ouvertes de τE donnée dans la proposition 2 prouve immédiatement la première assertion de (ii). Un exemple de topologie τE, accessible mais non séparée (donc non vectorielle car (0) est M-fermé) sera donné plus loin.

<u>COROLLAIRE 1</u> : <u>Soit E un evb. La M-fermeture de tout sous-espace vectoriel de E est un sous-espace vectoriel.</u>

<u>Preuve</u> : Cette propriété est valable dans tout espace vectoriel muni d'une topologie invariante par translation : en effet, soit $\overline{A}$ la M-fermeture d'un sous-espace vectoriel A de E. Soient $x \in \overline{A}$ et $y \in \overline{A}$. Tout d'abord si $x \in A$ l'ensemble $A_x = \{z \in E \; ; \; x + z \in \overline{A}\}$ est M-fermé et contient A donc contient $\overline{A}$ donc $x + y \in \overline{A}$. Ensuite, l'ensemble $A_y = \{z \in E ; z + y \in \overline{A}\}$ est également M-fermé et contient A d'après ce qui précède, donc contient $\overline{A}$ donc $x + y \in \overline{A}$.

Le théorème suivant caractérise la convergence des suites pour la topologie de la M-fermeture. C'est un cas particulier du théorème 1 de [34].

<u>THEOREME 1</u> : <u>Soit E un evb séparé.</u>
<u>Pour qu'une suite (x_n) dans E converge vers $x \in E$ pour τE, il faut et il suffit que toute sous-suite de (x_n) contienne une sous-suite Mackey-convergente vers x dans E.</u>

<u>COROLLAIRE 1</u> : <u>Soit E un evb séparé.</u>
<u>Pour que la M-convergence séquentielle soit topologisable, il faut et il suffit que toute suite convergente pour τE soit Mackey-convergente. Alors la Mackey-convergence est précisément la convergence pour τE.</u>

Preuve : En effet, il est bien connu qu'une notion de convergence de type (L) est topologisable si et seulement si elle est identique à sa convergence a postériori au sens de Urysohn, de type (L^*). (cf. [34]).

PROPOSITION 5 : Soit $f : E \to F$ une application entre deux evb séparés. Si f est séquentiellement M-continue, f est continue de E dans F lorsqu'on munit les deux espaces de la topologie de la M-fermeture.

Preuve : En effet, si f est séquentiellement M-continue et X un M-fermé de F, $A = f^{-1}(X)$ est M-fermé dans E car $A = A^{(1)}$.

Remarque : La réciproque de la proposition 5 est fausse : (voir chap. XI)

II. 6 - La convergence au sens de Mackey dans un produit dénombrable d'evb

PROPOSITION 1 : Soit $(E_n)_{n\in\mathbb{N}}$ une suite d'evb et $E = \prod_{n\in\mathbb{N}} E_n$; $f_n : E \to E_n$ la projection canonique. Pour qu'une suite $(x_m)_{m\in\mathbb{N}}$ de E converge vers 0 au sens de Mackey, il faut et il suffit que pour tout $n\in\mathbb{N}$ $f_n((x_m)_{m\in\mathbb{N}})$ converge vers 0 dans E_n.

Preuve : La nécessité est triviale et la suffisance provient du fait que la propriété envisagée est vraie sur un produit dénombrable de droites. Rappelons en effet, que dans tout espace localement convexe métrisable, toute suite convergente vers 0 converge vers 0 au sens de Mackey dans E muni de sa bornologie de Von-Neumann.

COROLLAIRE 1 : Soient (E_n) un système projectif dénombrable d'evb, $E = \lim\limits_{\leftarrow} E_n$ et $f_n : E \to E_n$ la projection canonique. Pour qu'une suite (x_m) de E converge vers 0 au sens de Mackey, il faut et il suffit que pour tout $n \in \mathbb{N}$, $f_n((x_m))_{m\in\mathbb{N}}$ converge vers 0 dans E_n.

Preuve : En effet, E est un sous evb M-fermé de $\prod\limits_{n\in\mathbb{N}} E_n$.

Remarque : La proposition 6 ne subsiste plus dans le cas des produits infinis non dénombrables. En effet :

Exemple : Soit I l'intervalle $[0,1]$ de $\mathbb{R}$, et $\mathbb{R}^I$ le produit vectoriel bornologique de droites. L'ensemble des suites de réels strictement positifs tendant vers $+\infty$ est équipotent à I. Soit f une bijection qui à tout $i \in I$ fait correspondre $f(i) = (\lambda_n)$ une suite de réels strictement positifs tendant vers $+\infty$. La suite (x_n) de E définie par $x_n(i) = \frac{1}{\lambda_n}$ converge vers 0 composante par composante sans converger au sens de Mackey dans E.

II. 7 - La propriété de la M-fermeture

Il est clair que dans un eℓc métrisable, la topologie de la M-fermeture est identique à la topologie initiale donc, (E étant métrisable) tout point de la M-fermeture d'une partie A de E est limite de Mackey d'une suite de points de A. Autrement dit, les espaces qui possèdent la propriété de la M-fermeture, c'est-à-dire pour lesquels $A^{(1)} = \bar{A}$ pour toute partie A, ne sont pas rares. On sait déterminer de façon précise les espaces bornologiques à base dénombrable qui possèdent cette propriété. Le résultat suivant est dû à B. Perrot [50].

THEOREME 1 : Soit E un espace vectoriel bornologique à base dénombrable, non nécessairement séparé et non nécessairement convexe. Pour que E possède la propriété de la M-fermeture, il faut et il suffit que E possède un borné bornivore ou que toute droite de E soit bornée.

Preuve : Nécessité : Supposons qu'aucun borné de E ne soit bornivore et que E possède une droite non bornée. La première hypothèse implique l'existence d'une suite (B_n) de bornés de E telle que B_n n'absorbe pas B_{n+1} d'où l'existence d'une suite double (x_n^m) telle que $x_n^m \in B_{m+1}$ et $x_n^m \notin n B_m$. La suite $\frac{1}{n} x_n^m$ converge alors au sens de Mackey vers 0 lorsque n tend vers $+\infty$. Soit $\mathbb{K}x$ une droite non bornée. Posons $x_m = \frac{1}{m} x$ et $y_n^m = \frac{1}{n} x_n^m \pm \frac{1}{m} x$, le signe $\pm$ étant choisi tel que y_n^m n'appartienne pas à $O^{(1)}$. Considérons $A = \{y_n^m \ n, m \in \mathbb{N}\}$. Il est clair que O appartient à $A^{(2)} \subset \overline{A}$, M-fermeture de A. Par contre O n'appartient pas à $A^{(1)}$, comme on le vérifie immédiatement par un calcul élémentaire, d'où la nécessité. La suffisance est immédiate. Elle résulte d'ailleurs tout aussi immédiatement de la caractérisation évidente donnée ci-dessous (Proposition 1) de la propriété de la M-fermeture.

COROLLAIRE : Les seuls espaces bornologiques convexes à base dénombrable et séparés possédant la propriété de la M-fermeture sont les espaces normés.

PROPOSITION 1 : Soit E un espace vectoriel bornologique. Pour que E possède la propriété de M-fermeture, il faut et il suffit que toute partie bornivore de E soit voisinage de (0) pour τE.

Preuve : Conséquence immédiate du fait qu'une partie P de E est bornivore si et seulement si 0 n'est pas adhérent (au sens de Mackey) au complémentaire de P, autrement dit $0 \notin A^{(1)}$ où $A = \complement P$ et qu'une partie P est un voisinage de 0 pour τE si et seulement si $0 \notin \overline{A}$ où $A = \complement P$.

Il existe un rapport étroit entre la notion de M-fermeture et celle de topologie séquentielle.

Définition 1 : On dit qu'une topologie $\mathcal{T}$ sur un ensemble X est séquentielle ou que l'espace topologique $(X, \mathcal{T})$ est séquentiel si tout point de la fermeture (pour $\mathcal{T}$) d'une partie quelconque de A est limite (pour $\mathcal{T}$) d'une suite de points de cette partie.

PROPOSITION 2 : Pour qu'un evb séparé possède la propriété de la M-fermeture il faut et il suffit que la topologie τE soit séquentielle.

Preuve : Conséquence immédiate du théorème 1 du N°II.5.
Rappelons qu'un espace vectoriel topologique E non nécessairement localement convexe est dit bornologique si toute application linéaire bornée de E dans un espace vectoriel topologique quelconque est continue.

PROPOSITION 3 : Soit $(E, \mathcal{T})$ un evt séparé avec $\mathcal{T}$ séquentielle. Alors $\mathcal{T} = \tau \mathbb{B} E$, donc E est un evt bornologique et $\mathbb{B} E$ possède la propriété de la M-fermeture.

Preuve : Il est bien connu que si $(E, \mathcal{T})$ est un evt séquentiel, de toute suite convergeant vers 0 dans $(E, \mathcal{T})$ on peut extraire une sous-suite convergeant vers 0 au sens de Mackey dans $\mathbb{B} E$ (voir par exemple [2]), donc les topologies $\mathcal{T}$ et $\tau \mathbb{B} E$ ont les mêmes suites convergentes et comme $\mathcal{T}$ est séquentielle, elles sont identiques (car $\tau \mathbb{B} E$ est toujours plus fine que$\mathcal{C}$). Les assertions de la proposition 3 en résultent aussitôt en vertu de la proposition 2.

II. 8 - La convergence de Mackey pour les bornologies convexes

Rappelons que dans un evt localement borné, il n'y a pas lieu de distinguer entre convergence au sens de Mackey et convergence au sens de la topologie, les deux notions étant strictement équivalentes. La proposition ci-après montre que dans le cas des bornologies convexes, la convergence des suites au sens de Mackey se réduit à la convergence dans les espaces semi-normables.

PROPOSITION 1 : Une suite (x_n) converge vers 0 dans E au sens de Mackey si et seulement s'il existe un disque borné B de E tel que (x_n) soit contenue dans E_B et converge vers 0 dans E_B.

On en déduit aussitôt :

COROLLAIRE 1 : : Soit E un ebc. Une partie A de E est M-fermée dans E si et seulement si pour tout borné disqué B de E, $A \cap E_B$ est fermé dans E_B.

En conséquence, dans un ebc, la topologie de la M-fermeture τE est la topologie la plus fine sur E pour laquelle les injections $E_B \to E$ sont continues.

II. 9 - Caractère non vectoriel et non séparé de la topologie de la M-fermeture

Nous avons déjà annoncé que la topologie de M-fermeture n'est en général pas séparée donc en général pas compatible avec la structure d'espace vectoriel (c'est une topologie accessible lorsque l'evb considéré est séparé). Voici des exemples de ces phénomènes.

Exemple 1 : Sur tout espace vectoriel E de dimension infinie, il existe une bornologie convexe séparée, la moins fine sur E des bornologies vectorielles séparées sur E (convexes ou non). Une partie de E est dite bornée pour cette bornologie si sa trace sur tout sous-espace vectoriel de dimension finie de E est bornée. Cette bornologie est appelée la bornologie vectorielle séparée minimale sur E. Un voisinage de (0) pour la topologie de la M-fermeture dans E muni de la bornologie vectorielle séparée minimale recouvre l'espace tout entier sauf un nombre fini de bouts de droites. Deux ouverts ne sont jamais disjoints dans cet espace. Cette bornologie fut étudiée par Arnold [1].

Exemple 2 : Il est bien connu que pour des systèmes inductifs dénombrables d'espaces localement convexes, la limite inductive vectorielle topologique et la limite inductive localement convexe sont identiques (voir par exemple S.O. Iyahen [30]). Mais on connait un espace localement convexe, limite inductive d'une suite d'espaces de Banach (E_n) contenant un sous-espace vectoriel non fermé, mais dont l'intersection avec tout espace E_n est fermé ([23] pp. 98-99). Cela signifie que la topologie de la M-fermeture de l'ebc E, limite inductive bornologique convexe des E_n n'est pas vectorielle.

CHAPITRE III

SEPARATION. - ESPACES MACKEY-COMPLETS

RESUME ET ORIENTATION

Afin d'assurer l'unicité de limites au sens de Mackey, on introduit au §. III. 1 la notion de bornologie séparée et on en donne des expressions équivalentes. Au §. 2 on introduit la notion d'espace Mackey-complet, espace dans lequel toute suite de Cauchy au sens de Mackey est Mackey-convergente. Le résultat principal est le théorème 1 qui établit l'unicité d'une bornologie séparée sur un espace vectoriel de dimension finie.

On sait qu'en théorie des espaces localement convexes, dire qu'un espace E ne possède aucune droite bornée équivaut à dire qu'il est séparé par son dual. Au §. III. 3, on montre qu'il n'en n'est plus ainsi dans le cas des espaces bornologiques, d'où la notion d'espace bornologique régulièrement séparé ou séparé par son dual, notion strictement plus restrictive que la notion de séparation introduite plus haut. La notion de séparation régulière est indispensable dans les questions de dualité.

SEPARATION. - ESPACES MACKEY-COMPLETS

III. 1 - Généralités sur les evb séparés

Rappelons qu'un evb est séparé s'il ne possède aucune droite bornée.

PROPOSITION 1 : Soit E un evb. Les assertions suivantes sont équivalentes

(o) E est séparé ,

(i) Toute suite M-convergente dans E possède une limite unique ;

(ii) Tout filtre M-convergent dans E possède une limite unique ;

(iii) (o) est M-fermé ;

(iV) Le seul sous-espace vectoriel borné est (o) ;

(V) La topologie de la M-fermeture est accessible

PROPOSITION 2 :

1) Toute bornologie initiale de bornologies vectorielles séparées est vectorielle séparée. En particulier, tout produit d'evb séparés est séparé et tout sous-espace vectoriel bornologique d'un evb séparé est séparé .

2) Soit $E = \varinjlim E_i$ un evb limite inductive vectorielle bornologique d'evb séparés. Si les applications canoniques $E_i \to E$ sont injectives, E est séparé. En particulier :

3) Toute somme directe vectorielle bornologique d'evb séparés est séparée ;

4) Soit E un evb et M un sous-espace vectoriel de E

<u>Pour que l'evb quotient $\frac{E}{M}$ soit séparé, il faut il suffit que</u> M <u>soit M-fermé dans</u> E.

<u>Preuve</u> : Les assertions 1) et 2) sont immédiates à partir des définitions. L'assertion 3) est conséquence de 2). La nécessité de 4) résulte de la Proposition 1, (iii). Pour la suffisance soit $\mathbb{K}\varphi(x)$ une droite bornée de $E/_M$. Il existe donc un borné $A\subset E$ tel que $\mathbb{K}\varphi(x)\subset\varphi(A)$ donc $\mathbb{K}x\subset A+M$.

Alors pour tout $n\in\mathbb{N}$ il existe $x_n\in M$ tel que $nx - x_n\in A$ donc $x - y_n \in \frac{1}{n} A$ où $y_n = \frac{x_n}{n} \in M$ donc $y_n \overset{M}{\rightarrow} x$ et comme M est b-fermé $x\in M$ donc $\varphi(x) = 0$.

<u>Définition</u> : Soit E un evb.

On appelle <u>evb séparé associé</u> à E l'evb quotient $\frac{E}{\overline{(0)}}$ où $\overline{(0)}$ est la M-fermeture de (0) dans E.

<u>PROPOSITION 3</u> : <u>Tout espace vectoriel bornologique séparé E de dimension 1 est isomorphe (bornologiquement) au corps $\mathbb{K}$ des scalaires, muni de sa bornologie canonique</u>.

<u>Preuve</u> : En effet, soit $a\in E$ $a \neq 0$. L'application linéaire $u : \lambda a \to \lambda$ de E dans K est un isomorphisme algébrique d'inverse $\lambda \to \lambda a$ bornée. Si alors B est un borné <u>équilibré</u> de E et si u(B) n'était pas borné, on aurait nécessairement u(B) = K d'où B = E ce qui est impossible, E étant séparé.

On démontrera au N° suivant l'important résultat suivant : tout evb séparé de dimension finie n est bornologiquement isomorphe à $\mathbb{K}^n$.

III. 2 - Espaces Mackey-complets

On introduit dans les evb une notion de complétitude liée à la convergence des suites au sens de Mackey. Cette notion de complétitude fut introduite par G. W. Mackey en 1942 dans le cadre de sa théorie des "systèmes linéaires", [40].

Définitions :

a) Soit E un evb.

On dit qu'une suite (x_n) dans E est une suite de Cauchy-Mackey si la suite $x_m - x_n$ converge vers 0 au sens de Mackey lorsque $m, n \to \infty$.

b) Un evb est dit Mackey-complet E s'il est séparé et si toute suite de Cauchy-Mackey dans E est Mackey-convergente.

c) Une partie A de E est dite Mackey-complète si toute suite de points de A qui est de Cauchy-Mackey dans E M-converge dans A.

Les evb Mackey-complets ont de bonnes propriétés de stabilité résumées dans la proposition suivante :

PROPOSITION 1 :

a) Soient E un evb et F un sous-espace vectoriel de E.

- Si E est Mackey-complet et F M-fermé, F est Mackey-complet.
- Si E est séparé et F Mackey-complet, F est M-fermé.

b) Tout produit d'evb Mackey-complets est Mackey-complet

c) Soit $E = \varinjlim E_i$, un evb limite inductive d'evb Mackey-complets. Si les applications canoniques $E_i \to E$ sont injectives, E est Mackey-complet.

Preuve : La proposition résulte facilement des définitions. Rappelons que les systèmes inductifs considérés sont toujours supposés filtrants à droite.

Le théorème suivant établit l'unicité d'une bornologie séparée sur un espace vectoriel de dimension finie.

THEOREME 1 : Tout evb séparé de dimension finie n, E est isomorphe (bornologiquement) à $\mathbb{K}^n$, où $\mathbb{K}$ est le corps des scalaires muni de sa bornologie canonique.

Preuve : Le théorème a déjà été démontré pour $n = 1$. Supposons le vrai pour $n - 1$ et démontrons le pour n. Tout hyperplan H dans E est donc isomorphe à $\mathbb{K}^{n-1}$ qui est Mackey-complet, donc H est Mackey-complet dans E donc M-fermé. Par conséquent, tout supplémentaire algébrique D de H est un supplémentaire bornologique donc E est bornologiquement isomorphe à $H \oplus D \simeq \mathbb{K}^n$.

III. 3 - Espaces bornologiques convexes régulièrement séparés

On sait qu'un espace vectoriel topologique E est séparé si (0) est l'intersection des voisinages de (0). Cela équivaut à dire qu'un evt est séparé si et seulement si il ne possède aucune droite bornée c'est-à-dire si et seulement si l'espace vectoriel bornologique $\mathbb{B}E$ est séparé.

Par contre, comme le montre par exemple la bornologie vectorielle séparée minimale pour un espace bornologique convexe séparé E, l'eℓc TE n'est pas nécessairement séparé. La topologie TE peut même être grossière. Nous donnerons de nombreux exemples de ces phénomènes au Ch. XI consacré aux exemples et contre-exemples. En fait, il est clair dans le cas convexe, que la séparation de TE est équivalente au fait que l'espace $E^{\times}$ des formes linéaires bornées sur E sépare E autrement dit que le système $(E, E^{\times})$ est régulier au sens de Mackey. On est donc conduit à poser :

Définition 1 : Un ebc est dit régulièrement séparé, en abrégé un ebc régulier si la topologie localement convexe T E est séparée (on dit aussi ebc séparé par son dual ou ebc t-séparé).

Il est clair qu'un ebc régulier est séparé. Inversement, on a le critère évident suivant, standard pour la séparation des limites inductives.

PROPOSITION 3 : Pour qu'un ebc soit régulier, il faut et il suffit qu'il existe sur E une topologie localement convexe séparée sur E rendant bornées les injections canoniques $E_B \to E$.

Pour les exemples d'ebc séparés au dual nul, voir Chap. XI .

CHAPITRE IV

ESPACES BORNOLOGIQUES COMPLETS

RESUME ET ORIENTATION

On a introduit au Chapitre III, une notion de complétitude directement attachée à la M-convergence séquentielle. Mais cette notion de complétitude est dans un certain sens trop faible : on montre en effet que si X est un ensemble bornologique quelconque et E un evb Mackey-complet, l'espace B(X, E) des applications bornées de X dans E muni de la bornologie naturelle n'est pas nécessairement Mackey-complet même si la bornologie de E est convexe. Autrement dit, la Mackey-complétitude ne se transmet pas aux espaces fonctionnels fondamentaux, ce qui est bien gênant. On est donc amené à introduire une nouvelle notion de complétitude dans les ebc directement liée à leur structure interne. Nous nous plaçons dans un cadre un peu plus général, le cadre des espaces p-convexes ($0 < p \leq 1$), cela n'exigeant aucune peine supplémentaire d'exposition. Mais le lecteur peut supposer en première lecture que $p = 1$ et lire "convexe" à la place de "p-convexe". En gros, un ebc est une "réunion" d'espaces semi-normés ; un ebc séparé est une "réunion" d'espaces normés et un ebc <u>complet</u> sera une "réunion" d'espaces de Banach.

Les résultats les plus importants et les plus utiles de ce chapitre sont : le théorème 1 du §. IV. 3. 3 qui établit de façon précise les relations entre la complétitude et la Mackey-complétitude ; la construction du complété (IV. 4. 1) et la notion <u>d'ebc aux normes concordantes</u> (IV. 4. 2), espaces qui se "complètent bien". Le prolongement des injections et la complétion des limites inductives (IV. 4. 3) est utilisée dans la construction des distributions de Mikusinski (Chap. XII)

ESPACES BORNOLOGIQUES COMPLETS

IV. 1 - Espaces bornologiques p-convexes

IV. 1. 1. - Définition 1 : Soit E un espace vectoriel et $0<p\leqslant 1$. Une partie A de E est dite p-convexe (resp. absolument p-convexe ou p-disquée) si la relation $x\in A$ et $y\in A$ entraîne $\lambda x+\mu y\in A$ pour λ ; $\mu\geqslant 0$ $\lambda^p+\mu^p=1$ (resp. $|\lambda|^p+|\mu|^p\leqslant 1$).

Si $p=1$, les parties p-convexes (resp. p-disquées) de E sont les convexes de E (resp. les disques ou parties convexes et équilibrées de E). On appellera par la suite p-disque les ensembles p-disqués.

Il est clair que toute intersection de p-disques est p-disquée. On note $\Gamma_p(A)$ l'enveloppe p-disquée d'un ensemble A, intersection des p-disques contenant A. Pour $p=1$ on note $\Gamma(A)$ l'ensemble $\Gamma_1(A)$. L'ensemble $\Gamma_p(A)$ est l'ensemble $\sum_{i=1}^{n}\lambda_i x_i$ où $\sum_{i=1}^{n}|\lambda_i|^p\leqslant 1$ (démonstration analogue au cas $p=1$ en utilisant l'inégalité $|\lambda+\mu|^p\leqslant|\lambda|^p+|\mu|^p$ valable pour $0<p\leqslant 1$).

Définition 2 : On appelle espace bornologique p-convexe (en abrégé ebc_p) tout espace vectoriel bornologique possédant une base de bornologie formée de p-disques.

Pour $p=1$ on retrouve la notion d'espace bornologique convexe.

IV. 1. 2. - La jauge d'un p-disque

Soit A un p-disque dans un espace vectoriel E. On appelle jauge de A le nombre réel ou égal à $+\infty$ défini par l'équation :

$$p_A(x) = \inf_{x \in \lambda A} \lambda^p \quad (\lambda \geqslant 0)$$

La fonction numérique p_A est partout finie si A est absorbant.

La fonction p_A a les propriétés suivantes :

1). $p_A(x) \geqslant 0$

2). $x = 0 \Rightarrow p_A(x) = 0$

3). $p_A(\alpha x) = |\alpha|^p \, p_A(x)$ pour tout $\alpha \in \mathbb{K}$.

4). $p_A(x + y) \leqslant p_A(x) + p_A(y)$ pour tout x et y appartenant à E.

On appelle p-semi-norme sur un espace vectoriel E toute fonction numérique (finie) f sur E possédant les propriétés suivantes

1) $f(x) \geqslant 0$

2) $x = 0 \Rightarrow f(x) = 0$

3) $f(\alpha x) = |\alpha|^p f(x)$ pour tout $\alpha \in \mathbb{K}$

4) $f(x + y) \leqslant f(x) + f(y)$ pour tous $x, y \in E$

Une p-semi-norme f est dite séparante si $f(x) = 0$ entraîne $x = 0$. On appelle p-norme toute p-semi-norme séparante.

La jauge d'un p-disque absorbant est donc une p-semi-norme.

Si A est un p-disque sur un espace vectoriel E, on note E_A l'espace vectoriel engendré par A et p-semi-normé par la jauge de A. On dit que A est un p-disque séparant si p_A est une p-norme sur E_A. Alors E_A devient un espace vectoriel topologique localement borné (donc métrisable), dont une base de voisinages de (0) est formée des homothétiques de A. L'ensemble des homothétiques de A forme également une base de bornologie de A autrement dit E_A est un evb simple. Rappelons que dans un tel evb, il n'y a pas lieu de distinguer "topologie" et "bornologie".

On dit que A est un p-disque complétant si E_A est complet donc un espace de type (F) c'est-à-dire un espace vectoriel topologique, non nécessairement localement convexe, métrisable et complet.

IV.1.3. - Soit E un ebc_p. E possède une base de bornologie formée de p-disques. Soient A et B deux p-disques bornés tels que $A \subset B$; l'injection canonique :

$$\pi_{BA} : E_A \to E_B$$

est bornée. Il est alors clair que le système filtrant supérieurement (E_A, π_{BA}) est un système inductif bornologique p-convexe d'ebc_p et que $E = \varinjlim E_A$, donc tout ebc_p est limite inductive d'espaces p-semi-normables.

IV.2. - Notions d'ebc_p complet et de bornologies ℓ^p-disquées

IV.2.1 - Définition : On dit qu'un ebc_p E est complet s'il possède une base de bornologie formée de p-disques complétants.

Un tel ebc_p est donc limite inductive d'espaces p-normables complets. Afin de préciser le rapport entre la Mackey-complétitude et la notion de complétitude ainsi définie, introduisons la notion de bornologie ℓ^p-disquée.

IV.2.2. - Bornologies ℓ^p-disquées

On sait qu'une partie A d'un espace vectoriel est p-disquée si toutes les sommes finies $\sum_{i=1}^{n} \lambda_i x_i$ appartiennent à A pour $n \in \mathbb{N}$;

$x_i \in A$ et $(\lambda_i)_{i=1}^{n}$ des scalaires tels que $\sum_{i=1}^{n} |\lambda_i|^p \leq 1$. Si E est un evb on pose :

Définition 1 : On dit qu'une partie A est ℓ^p-disquée si les sommes des séries $\sum_{i=1}^{\infty} \lambda_i x_i$ (dès qu'elles existent) appartiennent à A pour $(x_i) \in A$ et (λ_i) une suite de scalaires appartenant à la boule unité de ℓ^p c'est-à-dire tels que $\sum_{i=1}^{\infty} |\lambda_i|^p \leq 1$.

Remarques :

1) Une partie ℓ^p-disquée est p-disquée.

2) Dans un ebc_p Mackey-complet E, les séries $\sum_{i=1}^{\infty} \lambda_i x_i$ relatives à une partie A de E convergent toujours dans E.

En effet, les sommes partielles $s_n = \sum_{i=1}^{n} \lambda_i x_i$ appartiennent à $\Gamma_p(A)$ et forment une suite de Cauchy-Mackey dans E. En fait, elles forment une suite de Cauchy dans $E_{\Gamma_p(A)}$ puisque $p_{\Gamma_p(A)}(\sum_m^n \lambda_i x_i) \leq \sum_m^n p_{\Gamma_p(A)}(\lambda_i x_i) = \sum_m^n |\lambda_i|^p \, p_{\Gamma_p(A)}(x_i) \leq \sum_m^n |\lambda_i|^p$. On peut alors poser la définition suivante :

Définition 2 : a) Soit E un ebc_p et A une partie de E. On appelle enveloppe ℓ^p-disquée de A l'ensemble noté $\nu_p A$ des sommes des séries $\sum_{i=1}^{\infty} \lambda_i x_i$ où $(x_i) \in A$ et $\sum_{i=1}^{\infty} |\lambda_i|^p \leq 1$. On note νA l'ensemble $\nu_1 A$.

b) On dit qu'une bornologie p-convexe est ℓ^p-disquée si l'enveloppe ℓ^p-disquée d'un borné est encore borné.

Exemple 1 : Soit E un ebc_p saturé (la fermeture au sens de Mackey d'un borné est encore borné) la bornologie de E est ℓ^p-disquée.

En effet, pour tout p-disqué de E les sommes des séries $\sum_{i=1}^{\infty} \lambda_i x_i$ appartiennent à la M-adhérence de ce borné.

Exemple 2 : Toute bornologie p-convexe complète est ℓ^p-disquée, car pour tout borné B de E $\vee_p B$ est contenu dans $\bar{B}$, fermeture de B dans E_B, dès que E est complet (voir remarque 2 ci-dessus).

Exemple 3 : Par contre, on a un exemple dû à L. D. Nel [47] qui montre qu'une bornologie convexe Mackey-complète n'est pas nécessairement ℓ^p-disquée. Cet exemple montre du coup qu'un ebc Mackey-complet n'est pas nécessairement complet. (Voir au Ch. XI l'étude de ce contre-exemple).

On trouvera également dans [29] un exemple d'ebc Mackey-complet et non complet construit en utilisant le principe du bon ordre.

IV. 2. 3. - Un critère de complétitude des ebc_p .

Voici un théorème qui établit de façon précise les relations entre la complétitude et la Mackey-complétitude.

THEOREME 1 : Soit E un espace bornologique p-convexe $0 < p \leq 1$
Les deux assertions suivantes sont équivalentes :

a) E est complet ;

b) E est Mackey-complet et sa bornologie ℓ^p-disquée.

Preuve : On a déjà montré que toute bornologie complète est ℓ^p-disquée. Elle est aussi (trivialement) Mackey-complète. Démontrons l'implication (b) $\Rightarrow$ (a). La bornologie de l'espace E étant ℓ^p-disquée, l'enveloppe ℓ^p-disquée d'un borné est encore borné. Il suffit alors de montrer que l'enveloppe ℓ^p-disquée $A = \vee_p B$ d'un borné B est complétant, autrement dit que toute série "absolument convergente" de E_A est convergente (E_A est p-normable). Faisons une remarque préalable :

<u>Toute série de la forme</u> $\sum_{i=1}^{\infty} \lambda_i b_i$ <u>où</u> $\sum_{i=1}^{\infty} |\lambda_i|^p \leqslant 1$ <u>et</u> $b_i \in B$ <u>converge en fait dans</u> E_A, $A = \vee_p B$: en effet, soit $b = \sum_{i=1}^{\infty} \lambda_i b_i$ dans E. Pour tout $\varepsilon > 0$ soit n_o un entier tel que $\sum_{i > n_o} |\lambda_i|^p \leqslant \varepsilon$, alors $b - \sum_{i=1}^{n_o} \lambda_i b_i \in \varepsilon A$ d'où la remarque. Démontrons alors que toute série absolument convergente de E_A est convergente. Soit (u_n) une telle série et soit (v_n) une série numérique à termes positifs convergente et de somme a, telle que

$$(1) \qquad P_A(u_n) < v_n$$

pour tout entier n, où P_A est la p-norme de E_A.

La série Σu_n est donc de Cauchy dans E_A donc converge vers un élément u de E. La relation (1) montre que tout élément u_n est de la forme :

$$(2) \qquad u_n = v_n^{1/p} \sum_k \lambda_{k,n} a_{k,n}$$

où $\sum_k |\lambda_{k,n}|^p \leqslant 1$ et $a_{n,k} \in B$. Ceci implique, en vertu de la remarque précédente, que la convergence de la série définie par le membre de droite de (2) vers u_n a lieu dans E_A. Par ailleurs, <u>dans E</u> on a la relation :

$$(3) \qquad u = \sum_n \sum_k v_n^{1/p} \lambda_{k,n} a_{k,n}$$

et comme $\sum_n \sum_k |v_n^{1/p} \lambda_{k,n}|^p \leqslant \sum_n v_n = a$ la série double (3) converge vers u dans E_A, toujours en vertu de la remarque précédente donc la série $\Sigma u_n = \sum_n \sum_k v_n^{1/p} \lambda_{k,n} a_{k,n}$ converge dans E_A vers u, d'où le théorème.

PROPOSITION 1 :

a) Soient E un ebc_p complet et F un sous-espace vectoriel M-fermé de E, F est complet.

b) Tout produit d'ebc_p complets est complet.

c) Soit $E = \varinjlim E_i$ un ebc_p limite inductive bornologique p-convexe d'ebc_p complets. Si E est séparé, E est complet.

d) Tout quotient d'un ebc_p complet par un sous-espace vectoriel M-fermé est complet.

Les assertions de la proposition se vérifient à partir du théorème 1 ou directement à partir de la définition conjuguée avec la remarque suivante.

Remarque : Soit $u : E \to F$ une application linéaire entre deux ebc_p. L'image par u de tout p-disque borné complétant dans E est complétant dans F si et seulement si il est séparant.

IV. 3. - Le complété d'un espace bornologique p-convexe

IV. 3. 1. - Construction du complété

Soit E un ebc_p. Il existe un couple $(i, \tilde{E})$ formé d'un ebc_p complet $\tilde{E}$ et d'une application $i : E \to \tilde{E}$ linéaire bornée ayant la propriété (P) suivante :

(P) Pour toute application linéaire bornée u de E dans un ebc_p complet G, il existe une application linéaire bornée $\tilde{u} : \tilde{E} \to G$ unique telle que $u = \tilde{u} \circ i$.

Le couple $(i, \tilde{E})$ est naturellement unique à un isomorphisme bornologique près. L'espace $\tilde{E}$ est appelé le complété de E.

La construction effective du complété peut se faire de plusieurs manières. Une des plus simples est la suivante : on peut manifestement supposer E séparé, en passant au besoin à l'ebc_p séparé associé. Alors :

$$E = \varinjlim (E_i, \pi_{ji})$$

limite inductive bornologique d'espaces p-normables E_i. Notons $\tilde{E}_i$ le complété de E_i (rappelons que E_i est p-normable). On prend pour $\tilde{E}$ l'ebc_p séparé associé à $\varinjlim (\hat{E}_i, \hat{\pi}_{ji})$.

Remarques :

1) Il est possible que $\tilde{E}$ soit réduit à (0) auquel cas l'application $i : E \to \tilde{E}$ n'est évidemment pas injective. Pour que i soit injective il faut et il suffit que pour tout élément non nul x de E, il existe une application linéaire bornée u de E dans un ebc_p complet telle que $u(x) \neq 0$.

2) Par ailleurs, même si i est injective, un borné de $\tilde{E}$ n'est pas nécessairement adhérent à un borné de E (voir des contre-exemples sur ces phénomènes au ch. XI).

3) Il est utile d'étudier une classe d'ebc_p "injectables" dans leur complété $\tilde{E}$ et tel que tout borné de $\tilde{E}$ soit adhérent à un borné de E. Ceci nous amène à introduire les espaces bornologiques aux p-normes concordantes.

IV. 3. 2. - Espaces bornologiques aux p-normes concordantes

Définition 1 : Soient E_1 et E_2 deux espaces p-normés de p-normes respectives P_1 et P_2 et π une injection linéaire continue de E_1 dans E_2. On dit que les p-normes P_1 et P_2 sont faiblement (resp. fortement) concordantes sur E_1 si pour toute suite de Cauchy (x_n) dans E_1 telle que $\pi(x_n)$ converge vers $\pi(x_o)$ dans E_2 [resp. $\pi(x_n)$ converge dans E_2] la suite (x_n) converge vers x_o dans E_1 [resp. (x_n) converge dans E_1].

Si la p-boule unité de E_1 est fermée dans E_2, les p-normes P_1 et P_2 sont automatiquement fortement (a fortiori faiblement) concordantes sur E_1.

Définition 2 : On dit qu'un ebc_p E possède la propriété de concordance faible (resp. forte) des p-normes ou que E est un ebc_p aux p-normes faiblement (resp. fortement) concordantes, s'il est séparé et s'il possède une base de bornologie $(B_i)_{i\in I}$ telle que $E = \varinjlim (E_i, \pi_{ij})$ de manière que si P_l désigne la p-norme de l'espace E_i, alors, pour $i \leqslant j$ les p-normes P_i et P_j sont faiblement (resp. fortement) concordantes sur E_i.

Exemples : Tout ebc_p saturé possède la concordance forte des normes. Il en est évidemment de même des ebc_p complets. En particulier, si E un espace localement p-convexe séparé l'ebc_p $\mathbb{B}E$ qui est saturé, est aux normes fortement concordantes. La bornologie équicontinue du dual d'un espace localement convexe séparé est complète et aussi saturée. Pratiquement, la plupart d'ebc_p sont saturés.

Il existe des ebc aux normes faiblement et non fortement concordantes, par exemple, l'espace de Nel [cf.ch. XI, N°1].

La structure et les propriétés du complété d'un ebc_p aux p-normes concordantes sont rassemblées dans le théorème suivant.

THEOREME 1 : Soit E un espace bornologique p-convexe de complété $\tilde{E}$.

(i) Si E est un ebc_p aux p-normes faiblement concordantes, soit $(E_i)_{i\in I}$ le système correspondant d'espaces p-normés tel que $E = \varinjlim (E_i, \pi_{ij})$;

a) $\tilde{E} = \varinjlim (\hat{E}_i, \hat{\pi}_{ij})$;

b) Tout borné de $\tilde{E}$ est contenu dans l'adhérence dans un $\hat{E}_i$ d'un borné de E_i ;

c) Tout élément de $\tilde{E}$ est limite de Mackey d'une suite de E et par conséquent E est dense au sens de Mackey dans $\tilde{E}$.

(ii) Si E est un ebc_p aux p-normes fortement concordantes E est un sous-espace bornologique de son complété.

Preuve : La démonstration, assez directe, est laissée au lecteur. (cf. [25])

COROLLAIRE : Pour qu'un espace bornologique p-convexe soit un sous-espace bornologique de son complété, il est nécessaire que E possède la propriété de concordance faible des p-normes et il est suffisant que E possède la propriété de concordance forte des p-normes.

Preuve : C'est nécessaire car tout sous-espace bornologique d'un ebc_p aux p-normes faiblement concordantes est un ebc_p aux p-normes faiblement concordantes (évident) et tout ebc_p complet possède évidemment la propriété de concordance faible des p-normes. C'est suffisant en vertu du théorème 1 (ii).

IV. 3. 3. - Donnons maintenant un résultat sur le <u>prolongement des injections et la complétion des limites inductives.</u> Tout d'abord rappelons le fait bien connu suivant : soit u une application linéaire continue de G dans H où G et H sont des espaces vectoriels topologiques séparés. On dit que u vérifie la "<u>condition de Robertson</u>" si pour tout filtre de Cauchy Φ de G tel que $u(\Phi)$ converge vers un point de $u(G)$, Φ converge vers un point de G. On sait que cette condition équivaut à dire que l'application $\hat{u} : \hat{G} \to \hat{H}$ est injective dès que u est injective.

Soient alors $E = \varinjlim (E_i, \pi_{ij})$ et $F = \varinjlim (F_k, I_{k\ell})$ deux ebc$_p$ séparés et $u : E \to F$ linéaire bornée. Pour tout indice i, notons $f(i)$ un indice k tel que $u(E_i) \subset F_k$ et soit $u_{i, f(i)}$ la restriction de u à E_i à valeurs dans $F_{f(i)}$.

<u>On dit que</u> u <u>vérifie la condition de Robertson si toutes les applications</u> $u_{i, f(i)}$ <u>la vérifient</u>. On a alors le résultat suivant :

<u>PROPOSITION</u> : <u>Soient</u> E <u>et</u> F <u>deux</u> ebc$_p$ <u>aux p-normes faiblement concordantes et</u> $u : E \to F$ <u>une injection linéaire bornée. Si</u> u <u>vérifie la condition de Robertson,</u> $\tilde{u}$ <u>est une injection de</u> $\tilde{E}$ <u>dans</u> $\tilde{F}$, <u>où</u> $\tilde{u}$ <u>est le prolongement canonique de</u> u <u>aux complétés.</u>

On en tire immédiatement le corollaire.

<u>COROLLAIRE</u> : <u>Soit</u> $E = \varinjlim (E_\alpha, \pi_{\beta\alpha})$ <u>une limite inductive</u> d'ebc$_p$ <u>séparés. Si pour tout</u> $\alpha \leqslant \beta$, $\pi_{\beta\alpha}$ <u>est une injection vérifiant la condition de Robertson.</u>

$$E = \varinjlim_{\alpha} (\tilde{E}_\alpha, \tilde{\pi}_{\beta\alpha})$$

Preuve : L'hypothèse entraîne que les applications $\pi_{\beta\alpha}$ vérifient la condition de Robertson, ce qui équivaut à dire que les ebc$_p$ E_α possèdent la propriété de concordance faible des p-normes.

CHAPITRE V

LE THEOREME DU GRAPHE MACKEY-FERME

RESUME ET ORIENTATION

Soient E et F deux espaces localement convexes séparés. Divers auteurs ont montré que dans l'étude du théorème du graphe fermé il suffit de supposer le graphe de l'opérateur séquentiellement fermé dans E x F. Le théorème du "graphe Mackey-fermé" a pour origine le problème de savoir à quelles conditions suffit-il de supposer le graphe de l'opérateur fermé au sens de Mackey dans E x F lorsqu'on munit E et F de bornologies canoniques (bornologie de Von Neumann, bornologie compacte, précompacte, faiblement compacte.) ? Le problème étant essentiellement bornologique, il est naturel de prendre E et F deux espaces bornologiques arbitraires et de chercher à savoir à quelle condition la Mackey-fermeture du graphe d'un opérateur linéaire $u : E \to F$ pour la bornologie produit dans E x F entraîne que cet opérateur est borné Si E et F sont des espaces localement convexes, et si E est bornologique au sens usuel, ce qui est souvent le cas, cette conclusion entraîne naturellement la continuité. Il semble que des théorèmes très généraux "type de Wilde" [70] puissent être établis à partir d'un graphe M-fermé. Nous nous bornons à donner ici un théorème "type Grothendieck" avec une légère amélioration. Un cas particulier de ce théorème, dû à H. Buchwalter dans le cas convexe, est d'utilisation très fréquente et est énoncé dans les propositions 1 et 2. L'existence d'un théorème du graphe M-fermé fait jouer aux bornologies à base dénombrable et complète un rôle analogue à celui des espaces de Fréchet dans le cadre des espaces localement convexes.

LE THEOREME DU GRAPHE MACKEY-FERME

Le théorème suivant s'inspire du théorème du graphe fermé de A. Grothendieck et le généralise quelque peu. Tout d'abord, une définition :

Définition : On dit qu'une bornologie est de type (F) si elle est isomorphe à une bornologie de Von-Neumann d'un evt métrisable et complet. On appelle evb de type (F) un evb dont la bornologie est de type (F).

THEOREME 1 : Soient E un espace vectoriel bornologique de type (F) ;
F un espace vectoriel ;
(F_n) une suite d'evb de type (F).

Pour tout n : $v_n : F_n \to F$ une injection linéaire. On suppose que $F = \bigcup v_n(F_n)$ et que F est muni d'une bornologie vectorielle pour laquelle les applications v_n sont bornées. Soit $u : E \to F$ une application linéaire dont le graphe est Mackey-fermé dans $E \times F$. Il existe un entier n et une application linéaire bornée u_n de E dans F_n telles que $u = v_n \circ u_n$ (ce qui entraîne que u est bornée et que $u(E) \subset v_n(F_n)$).

Preuve : Elle suit de près la démonstration classique : soit G le graphe de u dans $E \times F$ et soit :

$$w_n : E \times F_n \longrightarrow E \times F$$
$$(x, y) \longrightarrow (x, v_n(y)).$$

L'application w_n est linéaire bornée et comme G est M-fermé dans $E \times F$, $w_n^{-1}(G) = G_n$ est M-fermé dans $E \times F_n$. On va montrer que l'un des G_m est le graphe d'une application linéaire $u_m : E \to F_m$.

Soit $p_n : (x, y) \in G_n \to x \in E$ l'opérateur de projection sur E. C'est une application linéaire et bornée de l'evb de type (F), G_n dans l'evb du type (F), E, donc (Banach), $p_n(G_n) = E$ ou $p_n(G_n)$ est maigre pour la topologie d'evt métrisable complet sous-jacente. Comme E est réunion des $p_n(G_n)$ car F est réunion des $v_n(F_n)$ et que E est de Baire pour la topologie métrisable complète sous-jacente, l'un au moins des $p_n(G_n)$, soit $p_m(G_m)$ est égal à E. Comme $p_m(G_m) = u^{-1}(v_m(F_m))$ et que v_m est injective, G_m est le graphe d'une application linéaire u_m de E dans F_m. Le théorème du graphe fermé de Banach assure alors que u_m est bornée. On a, $u(E) = u(p_m(G_m)) = u(u^{-1}(v_m(F_m))) \subset v_m(F_m)$ et de plus, les applications u et $v_m \circ u_m$ ont même graphe, c'est-à-dire $u = v_m \circ u_m$ d'où le théorème.

COROLLAIRE 1 : Soit E un espace vectoriel muni d'une bornologie vectorielle finale pour des applications $f_i : E_i \to E$ où pour tout $i \in I$, E_i est un evb du type (F). Soit F un evb, limite inductive bornologique d'une suite (F_n) d'evb du type (F), les applications canoniques $F_n \to F$ étant injectives. Toute application linéaire dont le graphe est M-fermé dans $E \times F$ est bornée.

COROLLAIRE 2 : E étant comme dans le corollaire 1, et F comme dans le théorème 1, on suppose la bornologie de E séparée. Toute surjection linéaire bornée de F sur E est un isomorphisme bornologique.

Preuve : Suivre de près comme ci-dessus, Bourbaki ([6], chap. 1-2, p. 81).

Remarque : Soient E et F deux espaces vectoriels topologiques vérifiant les conditions de la Proposition 10 de Bourbaki ([6], p. 81) débarrassés d'ailleurs de la locale convexité qui est ici inutile, et soit u une surjection linéaire continue de F dans E. L'application u est donc bornée de $\mathbb{B}F$ dans $\mathbb{B}E$. La bornologie $\mathbb{B}F$ rend bornée les applications canoniques $F_n \to F$ et la bornologie $\mathbb{B}E$ est moins fine que la bornologie vectorielle $\mathfrak{B}$ sur E finale pour les applications canoniques $E_i \to E$. Si l'on suppose la bornologie $\mathfrak{B}$ séparée (a fortiori la bornologie $\mathbb{B}E$ séparée), le corollaire 2 assure que u^{-1} est bornée de $(E, \mathfrak{B})$ dans $\mathbb{B}F$ c'est-à-dire pour tout indice i, u^{-1} est bornée de $\mathbb{B}E_i$ dans $\mathbb{B}F$ donc continue de E_i dans F car E_i est un evt métrisable donc bornologique ; donc u^{-1} est continue de E dans F, autrement dit u est un morphisme strict. La condition "la bornologie $\mathfrak{B}$ séparée" améliore par conséquent quelque peu la condition de séparation imposée dans Bourbaki (corollaire de la proposition 10, p. 81), condition restrictive (il s'agit d'une condition de séparation sur une topologie vectorielle finale en particulier sur une topologie limite inductive). Le corollaire de Bourbaki devient alors vrai par exemple dès que E est limite inductive vectorielle topologique (a priori non séparée) d'espaces métrisables complets (E_α) tels que les applications $E_\alpha \to E$ soient injectives ou plus généralement à noyau Mackey-fermé.

Comme cas particuliers intéressants du théorème 1, énonçons :

PROPOSITION 1 : Soient E et F deux espaces bornologiques p-convexes complets tel que F soit à base dénombrable. Toute application linéaire $u : E \to F$ dont le graphe est M-fermé est bornée.

PROPOSITION 2 : Soient E et F deux espaces bornologiques p-convexes complets tel que E soit à base dénombrable. Toute bijection linéaire bornée : $u : E \to F$ est un isomorphisme bornologique.

Remarque : Convenons de dire d'un espace localement convexe séparé possède la propriété du "graphe dénombrablement fermé" si toute application linéaire d'un Banach F dans E de graphe séquentiellement fermé dans

F x E est continue". (Propriété G. D. F.). Il n'y a pas de confusion possible avec la propriété (GDF) de Bourbaki : toute application linéaire de E dans un Banach F de graphe séquentiellement fermé dans E x F est continue. Disons par ailleurs, qu'un evt E possède la propriété (M^*) si toute suite de E convergeant vers 0 contient une sous-suite convergeant vers 0 au sens de Mackey dans 𝔹E. La plupart d'espaces usuels de l'Analyse, notamment les espaces de distributions possèdent les deux propriétés. Alors soient E un ebc complet et F un ebc dont la bornologie est isomorphe à la bornologie de Von-Neumann d'un eℓc séparé possédant les propriétés (GDF) et M^*. Toute application linéaire de E dans F dont le graphe est Mackey-fermé dans E x F est bornée. Cette remarque s'étend aux bornologies non nécessairement convexes.

CHAPITRE VI

DUALITE BORNOLOGIQUE

RESUME ET ORIENTATION

On étudie ici la dualité entre un ebc (régulièrement séparé) E et l'espace $E^{\times}$ des formes linéaires bornées sur E. Les notions et résultats les plus importants et les plus utiles sont la notion de bornologie polaire (VI 4) et le théorème de type Mackey Arens (VI. 5). Le reste du chapitre peut être négligé en première lecture, sauf les définitions. La propriété de la M-fermeture vectorielle (§. VI. 6) est intéressante pour certains problèmes d'approximation dans les algèbres bornologiques..

DUALITE BORNOLOGIQUE

VI. 1. - Le dual bornologique d'un ebc

Soit E un espace vectoriel bornologique. On appelle dual bornologique de E ou dual de E si aucune confusion n'en résulte, l'espace vectoriel des formes linéaires bornées sur E. On le note $E^{\times}$. Il est clair que $E^{\times}$ coïncide algébriquement avec le dual topologique de l'elc TE, autrement dit, on a toujours algébriquement $E^{\times} = (TE)'$. Si E est l'ebc de Von-Neumann associé à un espace localement convexe F, $E^{\times}$ est précisément la clôture de F' dans F^{*} au sens de Mackey-Bourbaki.

Sur $E^{\times}$, il existe une bornologie naturelle directement conditionnée par celle de E : c'est "la bornologie naturelle" au sens où nous l'avons défini plus haut, défini par les parties de $E^{\times}$ équibornées sur tout borné de E. Lorsque E est un ebc régulièrement séparé, les espaces vectoriels E et $E^{\times}$ sont en dualité séparante. On peut donc appliquer au couple $(E, E^{\times})$ toutes les notions et résultats usuels de la théorie générale des espaces vectoriels en dualité. En particulier, on peut considérer sur E ou $E^{\times}$ les topologies faibles $\sigma(E, E^{\times})$, $\sigma(E^{\times}, E)$ ou fortes $\beta(E, E^{\times})$ et $\beta(E^{\times}, E)$. La topologie $\beta(E^{\times}, E)$ est alors la topologie de la convergence uniforme sur les bornés de TE. On considère aussi souvent sur $E^{\times}$ une topologie, moins fine que $\beta(E^{\times}, E)$, qui est la $\mathfrak{S}$-topologie où $\mathfrak{S}$ est une base de bornologie de E. On l'appelle la topologie naturelle sur $E^{\times}$. Elle a pour base l'ensemble des polaires dans $E^{\times}$, relativement à la dualité $(E, E^{\times})$, des bornés de E.

L'assertion suivante est évidente :

PROPOSITION 1 : *Soit E un ebc régulier, $E^{\times}$ muni de sa bornologie naturelle (resp. sa topologie naturelle) est un ebc (resp. un elc) complet.*

Abus de notation : Si E est un elc (espace localement convexe séparé) on notera parfois $E^{\times}$ l'espace $(\mathbb{B}E)^{\times}$ des formes linéaires bornées sur E pour sa bornologie de Von-Neumann.

VI. 2. - Bornologies compatibles avec une dualité

Soient F et G deux espaces vectoriels en dualité séparante. On dit qu'une bornologie $\mathfrak{B}$ vectorielle convexe régulière sur F est compatible avec la dualité entre F et G si G est le dual bornologique de (F, $\mathfrak{B}$). De telles bornologies n'existent pas nécessairement comme il deviendra immédiatement clair. Tout d'abord, une définition :

Définition 1 : Soit (F, G) un couple d'espaces vectoriels en dualité.

i) On appelle bornologie faible (resp. forte) de F, la bornologie de Von-Neumann de l'elc F muni de $\sigma(F, G)$ (resp. F muni de $\beta(F, G)$. Si F est un ebc régulier et G son dual bornologique, la bornologie faible sur F associée à la dualité $\sigma(F, F^{\times})$ s'appelle la bornologie affaiblie de F.

ii) On appelle bornologie de Mackey sur F, la bornologie compacte de l'elc F muni de $\sigma(F, G)$.

Il est clair (théorème de Mackey) que la bornologie affaiblie d'un ebc régulier est précisément la bornologie de Von-Neumann de l'elc TE.

Le théorème suivant est évident :

THEOREME 1 : *Soit (F, G) un couple d'espaces vectoriels en dualité séparante. Les assertions suivantes sont équivalentes :*

(i) *Il existe sur F une bornologie compatible avec la dualité entre F et G ;*

(ii) *La bornologie faible est compatible avec la dualité entre F et G ;*

(iii) *La topologie de Mackey $\tau(F, G)$ est bornologique.*

COROLLAIRE 1 : Soit (F, G) un couple d'espaces vectoriels en dualité. Il n'existe pas nécessairement sur F une bornologie compatible avec la dualité entre F et G.

En effet, voici un contre-exemple :

Contre-exemple : Rappelons qu'un eℓc séparé E est dit semi-bornologique si toute forme linéaire bornée sur E est continue. Le dual faible d'un eℓc tonnelé non semi-réflexif par exemple un Banach non réflexif n'est pas semi-bornologique. En effet, soit X un tel espace et E son dual faible. Alors $E' = X$ et toute partie bornée de E est équicontinue (X tonnelé) donc l'espace $E^{\times}$ (en fait $(\mathbb{B}E)^{\times}$) des formes linéaires bornées sur E est l'espace $(X')^{\times}$ des formes linéaires bornées sur l'ebc X' muni de la bornologie équicontinue. Les inclusions :

$$E' = X \not\subseteq X'' \subseteq (X')^{\times} = E^{\times}$$

donnent le résultat. Ceci dit, soit E un eℓc séparé non semi-bornologique et E' son dual. Il existe une forme linéaire bornée sur E et non continue, donc $\tau(E, E')$ n'est pas bornologique.

VI.3. - La dualité dans les produits et sommes directes, sous-espaces et quotients.

PROPOSITION 2 : Soit $(F_\alpha)_{\alpha \in A}$ une famille d'ebc régulièrement séparés. $F = \prod_{\alpha \in A} F_\alpha$ et $G = \bigoplus_{\alpha \in A} F_\alpha^{\times}$ produit et somme directe algébriques. Les deux assertions suivantes sont équivalentes :

(i) Le dual de F muni de la bornologie produit des F_α est G ;

(ii) Le cardinal de A est bornologique (c'est-à-dire strictement inacessible).

Preuve : Conséquence immédiate du théorème de Mackey-Ulam et du théorème 1.

PROPOSITION 3 : Soit $E = \bigoplus_{\alpha \in A} E_\alpha$ la somme directe bornologique d'une famille d'ebc régulièrement séparés,

$$E^{\times} = \prod_{\alpha \in A} E_\alpha^{\times}$$

Preuve : En effet, $\oplus E_\alpha$ et $\pi E_\alpha^{\times}$ sont en dualité séparante par la forme bilinéaire canonique et $\tau(\oplus E_\alpha , \pi E_\alpha^{\times}) = \bigoplus_\alpha \tau(E_\alpha, E_\alpha^{\times})$ d'où la proposition en vertu du théorème 1.

PROPOSITION 4 : Soit E un ebc régulièrement séparé et M un sous-espace vectoriel de E. On munit $E/_M$ de la bornologie quotient.

Pour que $(E/_M)^{\times} = M^o$ où M^o est le polaire de M dans $E^{\times}$; il faut et il suffit que M soit $\sigma(E, E^{\times})$-fermé.

Preuve : Suffisance : Si M est $\sigma(E, E^{\times})$-fermé, $\tau(E/_M , M^o)$ et $\frac{\tau(E, E^{\times})}{M}$ sont identiques sur $E/_M$, donc M^o est le dual de $E/_M$ pour la bornologie faible de $E/_M$ associé à la dualité $(E/_M , M^o)$ donc $M^o \subset (E/_M)^{\times}$. Par ailleurs, l'application canonique $E \to E/_M$ est bornée donc l'application canonique de $\frac{TE}{M} \to \tau(E/_M)$ est continue, donc $(\frac{E}{M})^{\times} \subset (\frac{TE}{M})' = M^o$ d'où le résultat.

Nécessité : L'égalité $(E/_M)^{\times} = M^o = (\frac{TE}{M})'$ entraîne que $T(E/_M)$ et $\frac{TE}{M}$ donnent le même dual. Comme ces deux topologies sont bornologiques elles sont identiques à $\tau(E/_M , M^o)$. Comme $\frac{TE}{M} = \frac{\tau(E, E^{\times})}{M}$ on a donc : $\tau(E/_M , M^o) = \frac{\tau(E, E^{\times})}{M}$ donc M est $\sigma(E, E^{\times})$-fermé.

PROPOSITION 5 : Soit $E = \varinjlim (E_\alpha, \mu_{\beta\alpha})$ une limite inductive bornologique régulièrement séparée d'ebc régulièrement séparés. Alors $E^\times = \varprojlim (E^\times_\alpha, {}^t u_{\beta\alpha})$ où ${}^t u_{\beta\alpha}$ désigne la transposée de $u_{\beta\alpha}$.

Preuve : Tout d'abord la transposée ${}^t u_{\beta\alpha}$ existe bien, puisque $u_{\beta\alpha}$ est bornée de E_β dans E_α donc continue pour $\sigma(E_\beta, E^\times_\beta)$ et $\sigma(E_\alpha, E^\times_\alpha)$. De plus, il est clair que $\varinjlim \, T E_\alpha$ (limite inductive localement convexe) est plus fine que $T E$, donc $(T E)' = E^\times \subset (\varinjlim \, T E_\alpha)' = \varprojlim E^\times_\alpha$ (algébriquement). Enfin, $\tau(E, \varprojlim E^\times_\alpha) = \tau(\varinjlim \, T E_\alpha, \varprojlim E^\times_\alpha) = \varinjlim \tau(E_\alpha, E^\times_\alpha)$ donc c'est une topologie bornologique. Le théorème 1 entraîne alors que $\varprojlim E^\times_\alpha$ est le dual de E pour la bornologie de Von-Neumann associée à $\sigma(E, \varprojlim E^\times_\alpha)$, bornologie qui est moins fine que $\varinjlim (E_\alpha, u_{\beta\alpha})$ donc $\varprojlim E^\times_\alpha \subset E^\times$ d'où la proposition.

PROPOSITION 6 : Soient E un ebc régulièrement séparé et M un sous-espace vectoriel de E, muni de la bornologie induite.

Pour que $M^\times$ coïncide algébriquement avec $\frac{E^\times}{M^o}$, il faut et il suffit que toute forme linéaire bornée sur M se prolonge à l'espace tout entier.

Preuve : En effet, l'égalité $M^\times = \frac{E^\times}{M^o}$ équivaut à la surjectivité de l'application de restriction $f \in E^\times \to f|_M \in M^\times$.

Remarques :

1) La condition de prolongement impliquée dans la proposition 6 n'est pas toujours satisfaite. Nous revenons sur cette importante question plus loin.

2) Toute bornologie compatible avec une dualité admet un majorant compatible avec cette dualité dans le treillis des bornologies. De façon précise : soit (F, G) deux espaces vectoriels en dualité séparante et $\mathcal{B}$ une bornologie compatible sur F, la bornologie sur F engendrée par les suites convergeant vers 0 au sens de Mackey dans $(F, \mathcal{B})$ est une bornologie compatible plus fine que $\mathcal{B}$. Ceci résulte immédiatement du fait qu'une forme linéaire est bornée dès qu'elle est bornée sur les suites convergeant vers 0 au sens de Mackey. Bien plus, on verra plus loin qu'une forme linéaire est bornée dès qu'elle est bornée sur les suites à "décroissance <u>très rapide</u>." Le problème de caractériser les bornologies compatibles avec la dualité reste ouvert.

VI.4. - Bornologies polaires

L'utilisation du théorème des bipolaires dans les questions de dualité nécessite la considération de convexes <u>faiblement fermés</u>. Cette exigence conduit à l'introduction des ebc suivants :

<u>Définition 1</u> : On dit qu'un ebc E est <u>polaire</u> s'il est régulièrement séparé et si le bipolaire d'un borné de E, relativement à la dualité $(E, E^{\times})$ est encore borné.

Un ebc polaire possède donc une base de bornologie formée de disques $\sigma(E, E^{\times})$ fermés.

<u>Remarques</u> :

1) Il existe des ebc régulièrement séparés et non polaires (par exemple l'espace de Nel,(cf. chap. XI) .

2) Tout ebc polaire et complet possède une base de bornologie formé de disques complétants et faiblement fermés, car tout

disque borné faiblement fermé contenu dans un disque borné complétant est complétant.

3) Soit E un ebc régulièrement séparé de bornologie $\mathcal{B}$. La bornologie $\mathcal{B}^o$ sur E ayant pour base les adhérences pour $\sigma(E, E^*)$ des bornés de E est compatible avec la dualité entre E et E^*. En conséquence, $TE = TE^o$ [en notant E^o l'espace $(E, \mathcal{B}^o)$] et l'espace E^o est un ebc polaire.

En effet, $E^* = (\mathbb{B}TE)^* \subset (E^o)^* \subset E^*$.

L'ebc E^o s'appelle <u>l'ebc polaire associé à</u> E.

4) Pour tout eℓc séparé, les ebc $\mathbb{B}E$ et E' muni de la bornologie équicontinue sont polaires. En conséquence, tout ebc topologique régulièrement séparé est polaire.

5) Tout ebc à base dénombrable et polaire est topologique. Ceci résulte immédiatement d'un théorème de Grothendieck ([23] théorème 9). Ce résultat est faux si l'on remplace "polaire" par "t-séparé".

6) Tout ebc polaire est saturé donc est un ebc aux normes fortement concordantes.

VI. 5. - <u>Un théorème du type Mackey-Arens</u>

Si E est un ebc régulièrement séparé, on notera <u>dans ce paragraphe</u> par E^* le dual bornologique de E muni de la <u>topologie naturelle</u> (convergence uniforme sur les bornés de E). On notera par $(E^*)'$ le dual topologique de E^* muni de la bornologie équicontinue.

<u>Définition 1</u> : On dit qu'un ebc régulièrement séparé E est réflexif si $E = (E^*)'$ (égalité bornologique).

<u>Remarque</u> : Un ebc réflexif est automatiquement polaire et complet et ses

bornés sont relativement compacts pour $\sigma(E, E^*)$; inversement, on a le critère de réflexivité suivant :

THEOREME 1 : (type Mackey-Arens).

Un ebc régulièrement séparé E est réflexif si et seulement si il possède une base de bornologie formée de disques compacts pour $\sigma(E, E^*)$.

Preuve : Nous avons remarqué ci-dessus la nécessité. Pour la suffisance, il suffit de remarquer que $\sigma((E^*)', E^*)$ induit sur E une topologie plus fine que $\sigma(E, E^*)$ donc tout borné B de E compact pour $\sigma(E, E^*)$ est fermé pour $\sigma((E^*)', E^*)$, c'est-à-dire coïncide avec son bipolaire B^{oo} dans $(E^*)'$. Comme les ensembles (B^{oo}) forment une base de bornologie de $(E^*)'$, la démonstration est terminée.

VI. 6. - La propriété de la M-fermeture vectorielle

Dans l'espace $\mathbb{R}^{(\mathbb{N})}$, somme directe bornologique de droites, il existe des parties dont la M-adhérence n'est pas M-fermée ; mais tout sous-espace vectoriel de $\mathbb{R}^{(\mathbb{N})}$ est M-fermée. On est donc amené à introduire une propriété moins restrictive que la propriété de la M-fermeture : la propriété de la M-fermeture vectorielle. Un evb possède cette propriété si la M-adhérence de tout sous-espace vectoriel est M-fermée. Le théorème suivant donne une caractérisation d'une large classe d'ebc possédant cette propriété.

THEOREME : Tout ebc à base dénombrable, complet et régulièrement séparé jouissant de la propriété de la M-fermeture vectorielle appartient à l'une des classes suivantes d'espaces bornologiques

- les espaces de Banach ;

- <u>les sommes directes bornologiques de suites de droites</u> ;
- <u>les ebc obtenus par produit de deux tels espaces</u>.

<u>Preuve</u> : Il s'agit de montrer que si E n'est pas du type $F \times \mathbb{R}^{(I)}$, I au plus dénombrable et F Banach, E ne jouit pas de la propriété de la M-fermeture vectorielle. Pour cela, montrons d'abord qu'alors E possède une base de bornologie (B_n), formée d'une suite croissante de bornés telle que E_{B_n} soit de codimension infinie dans $E_{B_{n+1}}$ pour tout entier $n \in \mathbb{N}$. Ceci va résulter du théorème du graphe M-fermé. Supposons que pour toute base (B_n) il existe un entier $n_o \in \mathbb{N}$ tel que $E_{n_o} = E_{B_{n_o}}$ soit de codimension <u>finie</u> dans $E_{n_o+1} = E_{B_{n_o+1}}$. On peut alors supposer qu'il existe un borné B de E tel que E_B soit de codimension dénombrable dans E, donc possède un supplémentaire algébrique, algébriquement isomorphe à $\mathbb{R}^{(I)}$ où I est un ensemble d'indices au plus dénombrable. Plaçons sur $\mathbb{R}^{(I)}$ la bornologie somme directe. Alors l'espace bornologique produit $F \times \mathbb{R}^{(I)}$ où $F = E_B$ est à base dénombrable, complet et algébriquement égal à E. Sa bornologie est plus fine que celle de E donc lui est identique (théorème du graphe M-fermé) d'où notre assertion. La fin de la démonstration est alors analogue à une construction de A. Grothendieck ([23]), pp. 102-104).

CHAPITRE VII

BORNOLOGIES EQUICONTINUES. -BORNOLOGIES DE SCHWARTZ

RESUME ET TERMINOLOGIE

Nous caractérisons les bornologies convexes, isomorphes à la bornologie équicontinue du dual d'un espace localement convexe séparé et nous donnons les exemples typiques de telles bornologies. Nous appliquons ces notions à une amélioration d'un théorème de L. Schwartz (VII. 6); à une caractérisation dans une vaste classe d'espaces localement convexes contenant tous les espaces quasi-tonnelés, des espaces dont le dual fort est bornologique ; enfin, à l'étude du prolongement des formes linéaires définies et bornées sur un sous-espace (Problème de Hahn-Banach).

Une remarque sur la terminologie : Dans ce chapitre et au chapitre suivant nous introduisons la notion d'ebc de Schwartz (resp. d'ebc nucléaire). Il semble qu'il soit plus commode de les appeler espaces co-Schwartz (resp. espaces co-nucléaires) puisqu'ils généralisent en fait les notions correspondantes antérieurement introduites dans le cas particulier des bornologies d'espaces localement convexes. On aurait ainsi l'avantage que l'expression "espace co-nucléaire" impliquerait toujours la bornologie alors que l expression "espace nucléaire" impliquerait toujours la topologie. Cette terminologie nous a été suggérée par certains mathématiciens après la rédaction du présent texte. Nous laissons au lecteur le soin de l'adapter au besoin à ce qui suit.

BORNOLOGIES EQUICONTINUES. - BORNOLOGIES DE SCHWARTZ

Soit E un espace localement convexe séparé et E' son dual. L'ensemble des parties équicontinues de E' forme une bornologie convexe appelée la bornologie équicontinue de E'. Cette bornologie, toujours polaire et complète, est un type très particulier de bornologies, mais qu'on rencontre fréquemment dans la pratique sous des formes plus ou moins explicites. Ce qui suit a pour but de caractériser ces bornologies.

VII. 1. -

Définition : Soit E un ebc séparé. On dit que la bornologie de E est compactifiante s'il existe une base de bornologie $\mathfrak{B}$ de E et une correspondance qui à tout $B \in \mathfrak{B}$ associe une topologie compacte t(B) telle que l'espace vectoriel des formes linéaires sur E, dont la restriction à chaque $B \in \mathfrak{B}$ est t(B)-continue sépare E.

Exemple : Il est clair que la bornologie équicontinue du dual d'un espace localement convexe séparé est compactifiante. Le théorème suivant affirme que la réciproque est vraie (voir aussi [64]). C'est une conséquence du théorème des bipolaires et du théorème de complétion de Grothendieck.

VII. 2. -

THEOREME : Soit E un ebc séparé.

Les deux assertions suivantes sont équivalentes :

(i) E est isomorphe (bornologiquement) au dual d'un espace localement convexe séparé muni de la bornologie équicontinue ;

(ii) La bornologie de E est compactifiante.

Démonstration : Si E est isomorphe à F', la bornologie de E est compactifiante en vertu du théorème de complétion de Grothendieck en considérant sur chaque partie équicontinue de F' la topologie faible $\sigma(F',F)$.

Inversement, supposons la bornologie de E compactifiante et soit E^+ l'espace vectoriel des formes linéaires sur E dont la restriction à tout $B \in \mathfrak{B}$ est t(B)-continue. La topologie séparée $\sigma(E,E^+)$ induit sur chaque B une topologie moins fine que t(B) donc identique à t(B). Il en résulte que tout $B \in \mathfrak{B}$ est fermé pour $\sigma(E,E^+)$. Mettons sur E^+ la $\mathfrak{B}$-topologie (convergence uniforme sur les éléments de $\mathfrak{B}$). Alors E E est algébriquement et bornologiquement isomorphe à $(E^+)'$ dual de E^+ muni de la bornologie équicontinue : en effet, la bornologie de $(E^+)'$ a pour base les bipolaires des éléments de $\mathfrak{B}$; comme ceux-ci sont $\sigma(E,E^+)$-fermés, notre assertion résulte du théorème des bipolaires.

VII. 3. - Exemples fondamentaux de bornologies compactifiantes. - Bornologies de Schwartz

Voici des exemples de bornologies compactifiantes qui, a priori ne sont pas données comme bornologies équicontinues d'un dual d'elc séparé.

Exemple 1 : Soit E un espace localement convexe quasi-complet et $\mathfrak{B}$ la bornologie engendrée par les disques compacts de E. Le dual de E est précisément l'espace vectoriel des formes linéaires sur E dont la restriction à tout disque compact de E est continue. La bornologie de $(E,\mathfrak{B})$ est donc compactifiante donc isomorphe à une bornologie équicontinue, (on suppose E séparé).

Exemple 2 : Soit E un espace vectoriel topologique métrisable et complet non localement convexe et soit $\mathfrak{B}$ la bornologie sur E engendrée par les disques compacts. Toute forme linéaire sur E dont la restriction à tout disque compacte est continue : en effet, il est bien connu que toute suite tendant vers (0) dans E contient une suite partielle contenue dans un disque compact de E. Donc si E est séparé par son dual E, sa bornologie $\mathcal{B}$ est compactifiante.

Exemple 3 : Tout ebc réflexif (cf. VI. 5) a évidemment une bornologie compactifiante. Les exemples usuels de tels ebc sont donnés au numéro suivant.

VII. 4. - Bornologies de Schwartz

On dit qu'un ebc séparé est un ebc infra-Schwartz en abrégé infra-(S) (resp. un ebc de Schwartz, en abrégé, un ebc de type (S)) si tout disque borné A de E est absorbé par un disque borné B tel que l'injection canonique : $E_A \to E_B$ soit faiblement compact (resp. compact).

La notion d'espace localement convexe de type (S) est bien connue : c'est rien d'autre qu'un espace localement convexe E tel que son dual E' muni de la bornologie équicontinue soit un ebc de type (S). De même, la notion d'eℓc co-Schwartz est bien connue : c'est rien d'autre qu'un espace localement convexe séparé (Mackey-complet) dont la bornologie canonique (bornologie de Von-Neumann) est de type (S). La notion fondamentale est donc visiblement celle de bornologie de Schwartz.

Par abus de langage on dira espace de Schwartz pour désigner indifféremment un ebc ou un eℓc de type (S) si aucune confusion n'est à craindre. Par contre, l'expression "espace co-Schwartz" signifiera toujours un eℓc co-Schwartz. De même, pour les infra-(S).

Un ebc de type (S) à base dénombrable s'appelle couramment un ebc de Silva (espace de Silva si aucune confusion n'est à craindre).

PROPOSITION 1 : Tout ebc infra-(S) régulièrement séparé est réflexif.

En effet, tout disque borné A de E est faiblement relativement compact dans un espace E_B ; donc l'adhérence de A dans E_B est faiblement compacte donc bornée dans E et compacte pour $\sigma(E, E^*)$ d'où la proposition en vertu du critère de type Mackey-Arens (cf. VI. 5).

VII. 5. - Bornologies infra-(S) à base dénombrable

Les ebc infra-(S) à base dénombrable ont de très bonnes propriétés qui découlent du résultat général suivant :

LEMME : Soit (E_n, u_{mn}) un système inductif d'espaces localement convexes séparés et $E = \varinjlim E_n$ la limite inductive localement convexe. On suppose que pour tout n, l'application canonique :

$$u_{n+1,n} : E_n \longrightarrow E_{n+1}$$

est fortement bornée (bornée sur un voisinage de (0)). Alors :

a) E est un espace (DF) bornologique, limite inductive d'une suite (H_n) d'espaces normés ;

b) Alors si on suppose les applications $E_n \to E_{n+1}$ injectives et si la boule unité de H_n est fermée dans H_{n+1}, E est séparé.

c) Si en plus des hypothèses de b) les applications $E_n \to E_{n+1}$ sont faiblement compactes (resp. compactes), E est réflexif (resp. de Montel) donc complet et tout borné de E est contenu et borné dans un H_n.

Preuve : Le lemme résulte du fait qu'une application linéaire $u : E \to F$ bornée sur un voisinage V de E est une application linéaire continue de E dans F_B où $B = u(V)$ et des raisonnements très classiques.

On déduit alors de ce lemme la proposition suivante :

PROPOSITION 1 : Tout ebc infra-(S) à base dénombrable et en particulier tout espace de Silva est régulièrement séparé et topologique.

PROPOSITION 2 : a) Soit E un ebc infra(S) à base dénombrable. Tout sous-espace vectoriel M-fermé de E est faiblement fermé c'est-à-dire fermé pour $\sigma(E, E^*)$.

b) Soit E un espace de Silva. La topologie de la M-fermeture, τE est localement convexe et la Mackey-convergence des suites est identique à la convergence pour τE. -

Preuve : a) En effet, E étant réflexif, $E = (E^*)'$ (égalité bornologique). L'espace E^* muni de sa topologie naturelle est un Fréchet. L'assertion a) résulte alors du théorème de Krein-Smülian, caractérisant les convexes fermés dans le dual d'un espace de Fréchet.

b) Soit F une partie M-fermée de E. Pour tout borné B de E faiblement fermé, il existe un borné B' tel que : $F \cap B = F \cap B \cap E_{B'}$ soit compact dans $E_{B'}$ donc fermé pour $\sigma(E, E^*)$. Mais d'après le théorème de Banach Dieudonné, applicable car E est le dual de l'espace de Fréchet-Schwartz E^*, la topologie forte sur E est la plus fine qui induise la topologie $\sigma(E, E^*)$ sur les bornés faiblement fermés de E. Il en résulte que cette topologie coïncide bien avec la topologie τE.

Remarque : Nous avons utilisé le fait, résultant de la proposition 1, que le dual E^* d'un ebc de type (S) régulièrement séparé muni de sa topologie naturelle est un eℓc de type (S). Un ebc de type (S) est donc régulièrement séparé si et seulement si il est le dual F' d'un eℓc de type (S) muni de sa bornologie équicontinue.

VII. 6. - Bornologies de Schwartz associées

Soit E un ebc séparé de bornologie $\mathcal{B}$. Il existe sur E une bornologie de Schwartz qui est la moins fine des bornologies de type (S) plus fines que $\mathcal{B}$. On l'appelle la bornologie de Schwartz associée à E.

On peut la construire explicitement de la manière suivante : une partie A de E est bornée pour cette bornologie s'il existe une suite croissante (A_n) $(n = 1, 2, \ldots)$ de disques bornés de (E, β) et des injections compactes $E_{A_n} \to E_{A_{n+1}}$ telles que A soit absorbé par A_1. On la note S-bornologie de E. De même, on définit la S^*-bornologie de E, bornologie infra-Schwartz associée à E. On note (E, S) (resp. (E, S^*)) le couple formé par l'espace vectoriel E, muni de sa S-bornologie (resp. S^*-bornologie). Ces bornologies sont évidemment compatibles avec la dualité entre E et E^*. Nous allons illustrer par une application l'importance de ces bornologies.

VII. 6. - Application à un théorème de L. Schwartz

Il est important en Analyse de savoir à quelle condition le dual fort d'un espace localement convexe séparé E est bornologique. A. Grothendieck a montré qu'il en est ainsi si E est un Fréchet distingué et L. Schwartz a montré qu'il en est ainsi si E est un eℓc de Schwartz complet (L. Schwartz : Théorie des distributions vectorielles, Annales Institut Fourier, 1957). On va améliorer ce dernier résultat.

Soit E un espace localement convexe séparé et E' son dual muni de la bornologie équicontinue. Notons $t(S^*)$ la topologie sur E de la convergence uniforme sur la S^*-bornologie de E'. On dira que la topologie $t(S^*)$ est la topologie infra-Schwartz associée à E. De même, on définit la topologie t(S), topologie de Schwartz associée.

THEOREME 1 : Soit E un espace localement convexe séparé. Si la topologie infra-Schwartz associée à E est complète, le dual fort E'_β de E est ultrabornologique.

Preuve : Soit $(E')^*$ l'espace des formes linéaires bornées sur E' (espace vectoriel E' muni de la bornologie équicontinue). On va montrer que $E = (E')^*$ algébriquement. Soit $f \in (E')^*$. En vertu du théorème de complétion de Grothendieck, il suffit de montrer que la restriction de f à l'adhérence pour $\sigma(E', E)$ de tout disque de E' borné pour la (S^*)-bornologie de E' est continue pour $\sigma(E', E)$. Soit donc A un tel ensemble ; A est faiblement compact dans un Banach E'_B où B est un disque équicontinu faiblement fermé de E' car (E', S^*) est un ebc infra-(S), donc sur A la topologie $\sigma(E', E)$ coïncide avec la topologie affaiblie de E'_B. Mais f est bornée sur E' donc continue sur E'_B donc continue sur A munie de $\sigma(E', E)$ ce qui démontre notre assertion. Le théorème 1 sera alors conséquence de la remarque suivante :

Remarque : Soient E un espace localement convexe séparé ; E' son dual muni de la bornologie équicontinue ; $(E')^*$ le dual bornologique de E'. Si $E = (E')^*$ algébriquement le dual fort E'_β de E est ultra-bornologique.

Démonstration de la remarque : Soit TE' la topologie des disques "bornivores" de E' (disque absorbant les parties équicontinues de E'). L'égalité $E = (E')^* = (TE')'$ prouve que la topologie TE' est compatible avec la dualité entre E' et E donc est moins fine que $\tau(E', E)$. Mais $\tau(E', E) = \beta(E', E)$ car E est semi-réflexif $(E \subset E'' \subset (E')^* = E)$ et TE' est toujours plus fine que E'_β. Donc $TE' = \beta(E', E)$ ce qui achève la démonstration, TE' étant bornologique et la bornologie de E' complète.

Convenons qu'un espace localement convexe séparé est un eℓc de type infra(S) si son dual muni de la bornologie équicontinue est un ebc infra(S). On déduit alors du théorème 1 :

COROLLAIRE : Le dual fort d'un espace localement convexe séparé complet de type infra(S) est ultra-bornologique.

Ce corollaire améliore le théorème sus-cité de L. Schwartz.

VII. 7. - Espaces localement convexes très distingués

Soient E un espace localement convexe séparé ; E' son dual muni de la bornologie équicontinue et TE' la topologie des disques "bornivores" de E'. C'est une topologie ultra-bornologique et ce qui précède montre que cette topologie coïncide avec E'_β si E est infra-(S). Il en est aussi ainsi si E est un Fréchet distingué. On dit qu'un eℓc est très distingué si dans E' les topologies TE' et E'_β sont identiques. De tels espaces sont évidemment distingués. On peut les caractériser comme suit :

PROPOSITION 1 : Pour qu'un espace localement convexe séparé E soit très distingué, il faut et il suffit que toute partie de $(E')^*$, dual bornologique de E', bornée pour $\sigma((E')^*, E')$ est contenue dans l'adhérence (pour cette topologie) d'une partie bornée de E.

Preuve : La nécessité est immédiate car alors $E'' = (E')^*$ et E est distingué puisque E'_β est ultra-bornologique, donc tonnelé. Suffisance : il est clair que TE' est toujours plus fine que E'_β. Si alors V est un voisinage de (o) $\sigma(E', (E')^*)$-fermé de TE', le polaire V^o de V dans $(E')^*$ est une partie $\sigma((E')^*, E')$ bornée donc contenue dans le bipolaire A^{oo} dans $(E')^*$ d'un borné de E, ce qui implique que $V = V^{oo} \supset A^o$ (polaires dans E') d'où la proposition.

Remarque : Pour tout eℓcs pour lequel toute suite fortement bornée du dual est équicontinue, dire que E est très distingué équivaut à dire que E'_β est bornologique. La proposition 1 fournit donc une caractérisation des eℓcs au dual fort bornologique parmi les eℓcs "hypo-tonnelés" (ceux pour lesquels toute suite fortement bornée du dual est équicontinue).

VII. 8. - Le "problème de Hahn-Banach"

Du fait de l'existence d'espaces bornologiques convexes séparés au dual nul, il ne peut exister en bornologie de théorème général type Hahn-Banach sur le prolongement des formes linéaires bornées définies sur un sous-espace arbitraire. Le problème de Hahn-Banach en bornologie est essentiellement de caractériser les ebc séparés (et même réguliers) pour lesquels il y a possibilité de prolongement des formes linéaires bornées. Il n'y a pas nécessairement possibilité de prolongement même si les ebc considérés sont topologiques.

Il est en effet clair que toute forme linéaire bornée sur un sous-espace vectoriel F d'un ebc topologique E se prolonge à l'espace tout entier si et seulement si l'ensemble des traces sur F des disques bornivores de E définit sur F une topologie semi-bornologique.

Jusqu'à ce jour, en dehors des cas triviaux, on ne sait donner des résultats positifs sur le problème de Hahn-Banach que moyennant deux conditions importantes :

i) L'espace E a une base de bornologie dénombrable ;

ii) Le sous-espace F est M-fermé dans E.

PROPOSITION 1 : Soit E un ebc régulièrement séparé dans lequel tout sous-espace vectoriel M-fermé est $\sigma(E, E^{\times})$ fermé. Toute forme linéaire bornée sur un sous-espace M-fermé se prolonge à l'espace tout entier.

Preuve : Soit F un sous-espace M-fermé de E. Toute forme linéaire f bornée dans F a un noyau M-fermé dans F, donc dans E, donc $\sigma(E, E^{\times})$-fermé ce qui signifie que f est continue sur F pour la topologie induite par $\sigma(E, E^{\times})$ donc se prolonge en un élément de $E^{\times}$, d'où la proposition.

COROLLAIRE : Soit E un ebc infra-(S) à base dénombrable. Toute forme linéaire bornée sur un sous-espace M-fermé de E se prolonge à E tout entier.

Preuve : Conséquence immédiate de la Proposition 1, de Mackey Arens et de Banach-Dieudonné (cf. Proposition 3 de VII. 1).

Remarques :

1) Le corollaire de la proposition 1 pourrait faire croire que l'assertion subsiste si E est un espace "compactologique convexe" [64] à base dénombrable quelconque, c'est-à-dire le dual d'un espace de Fréchet muni de la bornologie équicontinue. En fait, il n'en est rien : il existe des "espaces compactologiques" à base dénombrable possédant des sous-espaces M-fermés et des formes linéaires bornées sur ces sous-espaces ne se prolongeant pas à l'espace tout entier. (cf. [23] p. 98).

2) Dans le cas des bornologies infra-(S), la condition de fermeture sur le sous-espace est essentielle au sens suivant : Pour qu'une forme linéaire bornée sur un sous-espace F se prolonge à l'espace tout entier il faut et il suffit que la M-adhérence de F soit M-fermée (cf. [26], corollaire du théorème 1 et [64] pp. 404-405). La condition $F^{(1)} = \overline{F}$ est ainsi équivalente à la condition de "bon placement" de Slowikowski [56].

3) Le corollaire de la proposition 1 améliore un résultat antérieur dû à C. Foias et G. Marinescu [19].

CHAPITRE VIII

BORNOLOGIES NUCLEAIRES

RESUME ET ORIENTATION

Les notions de topologies et bornologies nucléaires sont essentiellement duales l'une de l'autre : la bornologie équicontinue du dual d'un eℓc nucléaire est nucléaire. Inversement, toute bornologie nucléaire séparée par son dual est isomorphe à la bornologie équicontinue du dual d'un eℓc nucléaire. La symétrie n'est cependant pas parfaite car il existe des bornologies nucléaires non séparées par leur dual. Comme la théorie moderne des topologies nucléaires, la théorie des bornologies nucléaires est essentiellement tributaire des résultats de la théorie des idéaux d'opérateurs entre Banach. Nous supposons ces résultats connus du lecteur (cf. par exemple [68] et bibliographie y figurant). La théorie de la nucléarité du point de vue bornologique a certains avantages :

- Tout d'abord elle est entièrement intrinsèque en ce sens qu'on obtient tous les résultats essentiels sans sortir du cadre des structures bornologiques. Il n'en est pas de même en topologie où des propriétés importantes de nucléarité sur un espace E se démontrent par recours au dual E qui n'est naturellement pas topologique mais bornologique ;

- Ensuite les énoncés en terme de bornologie ouvrent un champ d'application plus vaste : Primo, par dualité on retrouve tous les résultats essentiels de la nucléarité topologique (la démarche inverse n'est pas possible) ; secundo, la donnée d'une topologie localement convexe séparée entraîne la donnée d'une vaste gamme de bornologies naturelles et intéressantes non seulement sur l'espace mais aussi sur son dual.

- Enfin, une bornologie nucléaire, séparée par son dual, n'est pas nécessairement <u>donnée</u> dans la nature, comme bornologie équicontinue du dual d'eℓc nucléaire. La structure de bornologie nucléaire séparée par son dual est donc une structure <u>caractéristique</u> du dual d'eℓc nucléaire permettant de reconnaître <u>a priori</u> ce dernier à travers toutes apparences plus ou moins diverses.

VIII. 1. - Définition et première caractérisation des ebc nucléaires

Définition 1 : Soit E un ebc séparé. On dit que la bornologie de E est nucléaire ou que E est un ebc nucléaire si tout disque borné A de E est absorbé par un disque borné complétant B de E tel que l'application canonique $\pi_{BA} : E_A \to E_B$ soit nucléaire.

Remarques :

1) Soit E un espace localement convexe séparé. Dire que la topologie de E est nucléaire ou que E est un eℓc nucléaire équivaut à dire que le dual E' de E muni de sa bornologie équicontinue est un ebc nucléaire. Si E est Mackey-complet (toute suite de Cauchy-Mackey pour la bornologie canonique de E est Mackey-convergente), dire que E est co-nucléaire équivaut à dire que E muni de sa bornologie canonique d'evt est un ebc nucléaire.

On dira espace nucléaire pour désigner indifféremment un ebc ou un eℓc nucléaire si aucune confusion n'est à craindre. Par contre, l'expression espace co-nucléaire signifiera toujours un eℓc dont la bornologie canonique est nucléaire.

2) Soit (α) une classe d'opérateurs "à puissance nucléaire" entre espaces de Banach, c'est-à-dire une classe d'opérateurs contenant une puissance de l'idéal des opérateurs nucléaires et tel que le composé à gauche (ou à droite) d'un nombre fini suffisant d'éléments de (α) soit nucléaire. Il est clair qu'un ebc séparé est nucléaire si et seulement si tout disque borné complétant A de E est contenu dans un disque borné complétant B de E tel que l'injection canonique π_{BA} appartienne à la classe (α). Par exemple, la classe (α) peut être l'une quelconque des classes d'opérateurs suivants :

- les opérateurs p-sommants ($1 \leq p < +\infty$) (cf. [68]) avec en particulier les opérateurs p-intégraux ou p-nucléaires ;

- les opérateurs de type ℓ^p (cf [51] par exemple).

Cette remarque permet d'énoncer les caractérisations suivantes des ebc nucléaires.

THEOREME 1 : Soit E un ebc séparé. Les assertions suivantes sont équivalentes :

(i) E est nucléaire ;

(ii) Il existe un nombre réel $p \geq 1$ (resp. pour tout nombre réel $p \geq 1$) on a la propriété suivante : Tout disque borné A de E est contenu dans un disque borné complétant B de E tel que l'application canonique $\pi_{BA} : E_A \to E_B$ soit p-sommant ;

(iii) Remplacer dans (ii) "p-sommant" par "de type ℓ^p".

Remarque : Par définition tout ebc nucléaire est complet. On pourrait introduire une notion de nucléarité sans condition de complétitude sur l'espace : Un ebc serait dit nucléaire s'il est séparé et si tout disque borné A de E est contenu dans un disque borné B telle que $\hat{\pi}_{BA} : \hat{E}_A \to \hat{E}_B$ soit nucléaire (où $\hat{\pi}_{BA}$ est le prolongement canonique de π_{BA} aux complétés de E_A et E_B). Mais alors les théorèmes principaux seraient valables pour des "ebc nucléaires complets."

VIII. 2. - Structure hilbertienne des ebc nucléaires

Définition 1 : On dit qu'un disque borné A d'un ebc E est préhilbertien (resp. hilbertien) si E_A est un espace préhilbertien (resp. hilbertien).

LEMME 1 : Tout ebc nucléaire possède une base de bornologie formée de disques hilbertiens.

Preuve : Soit A un disque borné de E. Par hypothèse, il existe un disque borné complétant B de E contenant A tel que $\pi_{BA} : E_A \to E_B$ soit 2-sommant. Mais alors π_{BA} se factorise à travers l'espace de Hilbert $H = L^2(K)$ où K est un espace topologique compact mesuré. Alors $\pi_{BA} = f_B o f_A$ où f_A (resp. f_B) est une application linéaire continue de E_A dans H (resp. de H dans E_B). L'image B' de la boule unité de H par f_B est un disque borné hilbertien de E (car $E_{B'}$ est isomorphe à un quotient de H) et ce disque absorbe A d'où la proposition.

THEOREME 1 : Un ebc séparé E est nucléaire si et seulement si il possède une base de bornologie formée de disques hilbertiens $(B_i)_{i\in I}$ telle que tout B_i soit contenu dans un B_j de manière que l'opérateur $E_{B_i} \to E_{B_j}$ soit de Hilbert-Schmidt.

Preuve : Si E est nucléaire il possède une base de bornologie (B_i) formée de disques hilbertiens (Lemme I, 2. 2). Tout disque borné B_i de la base est contenu dans un disque borné complétant A tel que l'application $E_{B_i} \to E_A$ soit nucléaire. Le disque A étant contenu dans un disque hilbertien B_j, l'application canonique $E_{B_i} \to E_{B_j}$ est nucléaire, donc de Hilbert-Schmidt, d'où la nécessité. Inversement, soit A un disque borné A de E. Il existe des disques B_i et B_j hilbertiens tels que $A\subset B_i \subset B_j$ et que l'injection $E_{B_i} \to E_{B_j}$ soit de Hilbert-Schmidt donc 2-sommant. Il en résulte que l'injection $E_A \to E_{B_j}$ est 2-sommant, d'où le résultat en vertu du théorème I. 1. 3.

VIII. 3. - Nucléarité et Mackey-sommabilité

1- Définition 1 : Soit E un ebc séparé ; I un ensemble d'indices et p un nombre réel ≥ 1. On dit qu'une famille $\{x_i, i\in I\}$ d'éléments de E est de puissance $p^{\text{ème}}$ Mackey-sommable ou de puissance $p^{\text{ème}}$ sommable au sens de Mackey, (resp. scalairement de puissance $p^{\text{ème}}$ Mackey-sommable ou scalairement de puissance $p^{\text{ème}}$ sommable au sens de Mackey) s'il existe un disque borné A de E telle que $x_i \in E_A$ pour tout $i\in I$ et que la famille $(x_i)_{i\in I}$ soit de puissance $p^{\text{ème}}$ sommable dans E_A, (resp. scalairement de puissance $p^{\text{ème}}$ sommable dans E_A). On définit de façon analogue la notion de famille sommable au sens de Mackey ou Mackey sommable dans E. Dans le cas p=1 on dit Mackey absolument sommable pour Mackey-de puissance 1 - sommable .

2. - On notera $\ell^p_a(I,E)$ (resp. $\ell^1_s(I,E)$ resp. $\ell^p_\sigma(I,E)$) l'ensemble des familles $(x_i, i\in I)$ d'éléments de E de puissance $p^{\text{ème}}$ Mackey-sommable (resp. Mackey sommable ; resp. scalairement de puissance $p^{\text{ème}}$ Mackey-sommable). C'est en vertu de la définition un espace vectoriel limite inductive algébrique du système inductif $\ell^p_a(I,E_B)$ (resp. $\ell^1_s(I,E_B)$; resp. $\ell^p_\sigma(I,E_B)$) lorsque B parcourt une base de bornologie de E.

On munit cet espace de la bornologie limite inductive correspondante.

Autrement dit,

$$\ell^p_a\ (I, E) = \varinjlim \ell^p_a\ (I, E_B)$$

$$\ell^1_s\ (I, E) = \varinjlim \ell^1_s\ (I, E_B)$$

$$\ell^p_\sigma\ (I, E) = \varinjlim \ell^p_\sigma\ (I, E_B)$$

(limites inductives et égalités bornologiques).

3. - Les propriétés des familles sommables correspondantes dans le cas des espaces normés et la caractérisation correspondante des opérateurs p-sommants permettent aussitôt d'énoncer le théorème suivant :

THEOREME 1 : Soit E un ebc complet. Les assertions suivantes sont équivalentes :

(i) E est nucléaire ;

(ii) Pour un nombre réel $p \geq 1$ (resp. pour tout nombre réel $p \geq 1$) on a les égalités bornologiques :

$\ell^1_a\ (\mathbb{N}, E) = \ell^1_s\ (\mathbb{N}, E)$ ou $\ell^p_a\ (\mathbb{N}, E) = \ell^p_\sigma\ (\mathbb{N}, E)$;

(iii) Pour un nombre réel $p \geq 1$ (resp. pour tout nombre réel $p \geq 1$) on a les égalités bornologiques :

(1) $\ell^1_a\ (I, E) = \ell^1_s\ (I, E)$ ou (2) $\ell^p_a\ (I, E) = \ell^p_\sigma\ (I, E)$

où I est un ensemble infini d'indices quelconque.

Preuve : En effet, l'égalité bornologique $\ell^p_a\ (I, E) = \ell^p_\sigma\ (I, E)$ équivaut à dire que tout disque borné A de E est contenu dans un disque borné B de E tel que l'injection canonique :

$$\ell^p_\sigma(I, E_A) \rightarrow \ell^p_a(I, E_B) \text{ soit continu ,}$$

ce qui équivaut à dire que $\pi_{BA} : E_A \rightarrow E_B$ est p-sommant, donc E nucléaire (théorème I. 1. 3.). E étant nucléaire possède une base de bornologie telle que les injections canoniques π_{BA} soient nucléaires donc p-sommants pour tout $p \geq 1$. Le caractère déterminant de l'ensemble $\mathbb{N}$ des entiers comme ensemble d'indices est bien connu.

COROLLAIRE : Soit E un ebc complet à base dénombrable. Pour que E soit nucléaire il faut et il suffit que toute suite Mackey sommable de E soit de puissance 1-Mackey-sommable.

Preuve : E étant complet, $\ell^1_S(\mathbb{N}, E)$ et $\ell^1_a(\mathbb{N}, E)$ sont des ebc complets. Ils sont à base dénombrable dès que E l'est. L'isomorphisme algébrique $\ell^1_S(\mathbb{N}, E) = \ell^1_a(\mathbb{N}, E)$ entraîne donc l'isomorphisme bornologique (théorème graphe M-fermé).

Remarques :

1) - L'énoncé du corollaire 1 en terme de séries est le suivant : Un ebc complet à base dénombrable est nucléaire si et seulement si toute série d'éléments de E, commutativement M-convergente (c'est-à-dire commutativement convergente dans un E_A) est absolument M-convergente dans E (c'est-à-dire absolument convergente dans un E_B).

2) - Comme l'égalité $\ell^1_S(\mathbb{N}, E) = \ell^1_a(\mathbb{N}, E)$ équivaut à l'égalité $\ell^1_\sigma(\mathbb{N}, E) = \ell^1_a(\mathbb{N}, E)$ et que $\ell^1_\sigma(\mathbb{N}, E)$ est aussi complet à base dénombrable dès que E l'est, le corollaire ci-dessus exprime aussi qu'un ebc

complet à base dénombrable est nucléaire si et seulement si toute suite scalairement de puissance 1-Mackey-sommable est de puissance 1-Mackey-sommable.

3) - Le théorème 1 est l'analogue bornologique d'un critère de nucléarité topologique de A. Pietsch [52]. Les deux résultats reposent essentiellement sur la notion d'opérateur p-sommant dans les Banach. Le corollaire est l'analogue bornologique du critère de nucléarité de Grothendieck-Pietsch des espaces de Fréchet. Comme ce dernier il généralise le théorème de Dvoretsky-Rogers :

> Tout espace de Banach dans lequel toute suite sommable est absolument sommable est de dimension finie.

VIII. 4. - Nucléarité et produits tensoriels bornologiques

1. - Soient E et F deux ebc séparés ; α une "norme tensorielle" au sens de Grothendieck ou "crossnorm" au sens de Schatten. Pour deux espaces normés G et H on sait donc définir $G \underset{\alpha}{\otimes} H$. On appelle bornologie tensorielle α sur $E \otimes F$ la bornologie convexe la plus fine de celles rendant bornées les injections :

$$E_A \underset{\alpha}{\otimes} F_B \rightarrow E \otimes F$$

lorsque A (resp. B) parcourt une base quelconque de bornologie de E (resp. F). On note $E \underset{\alpha}{\otimes} F$ l'espace bornologique ainsi obtenu et par $E \underset{\alpha}{\tilde{\otimes}} F$ son complété bornologique. L'espace $E \underset{\alpha}{\otimes} F$ (resp. $E \underset{\alpha}{\tilde{\otimes}} F$) s'appelle le produit tensoriel bornologique α (resp. le produit tensoriel bornologique complété α) des ebc E et F.

2. - Une classe importante de "normes tensorielles raisonnables" est la classe des normes tensorielles g_p et d_p de Grothendieck ([24], p=1), P. Saphar dont la définition est la suivante : Soient G et H deux espaces

normés, pour tout élément $u = \sum_i x_i \otimes y_i$ de $G \otimes H$ on pose :

$$g_p(u) = \inf \left(\sum_i \|x_i\|^p \right)^{1/p} \sup_{\|y'\| \leqslant 1} \left(\sum_i |\langle y_i , y' \rangle|^{p'} \right)^{1/p'}$$

$$d_p(u) = \inf \sup_{\|x'\| \leqslant 1} \left(\sum_i |\langle x_i , x' \rangle|^{p'} \right)^{1/p'} \left(\sum_i \|y_i\|^p \right)^{1/p}$$

avec $1 \leqslant p < +\infty$; $\frac{1}{p} + \frac{1}{p'} = 1$; $y' \in H'$ et $x' \in G'$, et les bornes inférieures étant prises sur l'ensemble des représentations de u sous la forme $\sum_i x_i \otimes y_i$.

On note π la norme $g_1 = d_1$, c'est la plus grande norme tensorielle. La bornologie tensorielle correspondante est équivalente à la bornologie tensorielle inductive π_b étudiée dans [25] .

Dans le cas $p = +\infty$ on pose :

$g_\infty(u) = \inf \sup_i \|x_i\| \sup_{\|y'\| \leqslant 1} \sum |\langle y_i , y' \rangle|$ et $d_\infty(u)$ s'obtient en permutant les rôles de (x_i) et (y_i) .

On note ε la norme tensorielle "duale" de la norme π . Cette norme peut se caractériser également comme la plus petite norme tensorielle. La bornologie tensorielle correspondante est équivalente à la bornologie ε'_b introduite dans [25] .

Dans ce texte on note ε_b cette bornologie ε'_b de [25]. La bornologie ε_b de [25] n'interviendra pas.

Pour E et F deux ebc séparés on note $E \otimes_{g_p} F$ (resp. $E \otimes_{d_p} F$) le produit tensoriel bornologique g_p (resp. d_p) et par $E \tilde{\otimes}_{g_p} F$ (resp. $E \tilde{\otimes}_{d_p} F$) les complétés bornologiques correspondants. On note :

$$E \otimes_{\pi_b} F = E \otimes_{g_1} F \quad \text{et} \quad E \otimes_{\varepsilon_b} F = E \otimes_{g'_1} F .$$

3 - Les définitions ci-dessus signifient que :

$$E \underset{\alpha}{\otimes} F = \underset{\rightarrow}{\lim} E_A \underset{\alpha}{\otimes} F_B$$

$$E \underset{\alpha}{\tilde{\otimes}} F = \underset{\rightarrow}{\lim} E_A \underset{\alpha}{\hat{\otimes}} F_{B/\overline{(0)}}$$

(limite inductive, quotient et égalité bornologiques où $\overline{(0)}$ est la M-fermeture de (0) dans l'ebc $\underset{\rightarrow}{\lim} E_A \underset{\alpha}{\hat{\otimes}} F_B$). Il en résulte que si $E \underset{\alpha}{\otimes} F$ est un ebc aux normes faiblement concordantes, $E \tilde{\otimes} F = \underset{\rightarrow}{\lim} E_A \underset{\alpha}{\hat{\otimes}} F_B$. En fait, on a toujours $E \underset{\varepsilon_b}{\tilde{\otimes}} F = \underset{\rightarrow}{\lim} E_A \underset{\varepsilon}{\hat{\otimes}} F_B$ et $E \underset{\pi_b}{\tilde{\otimes}} F = \underset{\rightarrow}{\lim} E_A \underset{\pi}{\hat{\otimes}} F_B$ si tous les espaces normés E_A et F_B vérifient la condition d'approximation [25]

4. - Un autre cas particulier important où l'on peut affirmer que $E \underset{\pi_b}{\tilde{\otimes}} F = \underset{\rightarrow}{\lim} E_A \hat{\otimes} F_B$ est le cas où F est un espace $\ell^1(I)$ et E un ebc complet. En effet, dans ce cas on a : $\ell^1(I) \underset{\pi_b}{\otimes} E = \underset{\rightarrow}{\lim} \ell^1(I) \underset{\pi}{\otimes} E_A$; alors si A est contenu dans B l'application canonique $\ell^1(I) \hat{\otimes} E_A = \ell^1(I, E_A)$ dans $\ell^1(I) \hat{\otimes} E_B = \ell^1(I, E_B)$ est injective dès que A et B sont complétants. Ceci prouve en même temps l'assertion suivante.

PROPOSITION 1 : Soit E un ebc complet. On a :

$$\ell^1(I) \underset{\pi_b}{\tilde{\otimes}} E = \ell^1_a(I, E)$$

algébriquement et bornologiquement.

De même l'isométrie $\ell^1(I) \underset{\varepsilon}{\hat{\otimes}} H = \ell^1_S(I, H)$ lorsque H est un Banach entraîne aussitôt par passage à la limite inductive.

PROPOSITION 2 : Soit E un ebc complet. On a :

$$\ell^1(I) \tilde{\otimes}_{\varepsilon_b} E = \ell^1_S(I, E)$$

algébriquement et bornologiquement.

En rapprochant les deux assertions avec le critère de nucléarité I. 3. 1. on peut énoncer le critère suivant :

THEOREME 1 : Soit E un ebc complet. Pour que E soit nucléaire, il faut et il suffit que :

$$\ell^1(I) \tilde{\otimes}_{\pi_b} E = \ell^1(I) \tilde{\otimes}_{\varepsilon_b} E .$$

La nécessité dans le théorème ci-dessus est un cas particulier d'un résultat plus général suivant :

THEOREME 2 : Soit E un ebc complet. Pour que E soit nucléaire il faut et il suffit que pour tout ebc séparé F, on ait :

$$E \tilde{\otimes}_{\pi_b} F = E \tilde{\otimes}_{\varepsilon_b} F$$

algébriquement et bornologiquement.

Preuve : Seule la nécessité est à démontrer, la suffisance résultant du théorème I. Comme la bornologie ε_b est moins fine que π_b il suffit de montrer que si E est nucléaire, l'identité $E \otimes_{\varepsilon_b} F \to E \otimes_{\pi_b} F$ est bornée. Or E étant nucléaire, à tout borné A complétant de E correspond un borné complétant B tel que l'application $\pi_{BA} : E_A \to E_B$ soit nucléaire. Si A' est un disque borné de F, il suffit de montrer que l'injection $\pi_{BA} \otimes 1_{A'} : E_A \otimes_{\varepsilon} F_{A'} \to E_B \otimes_{\pi} F_{A'}$ est continue, ce qui résulte du lemme suivant.

Lemme : Soit u un opérateur nucléaire entre deux Banach K et L. Si M est un espace normé, l'application canonique :

$$u \otimes 1 : K \underset{\varepsilon}{\otimes} M \rightarrow L \underset{\pi}{\otimes} M$$

est continue (on note 1 l'identité de M).

Preuve : L'opérateur u est de la forme :

$$u = \sum_n x'_n \otimes y_n \quad \text{où} \quad x'_n \in K' \quad y_n \in L \quad \text{et} \quad \sum_n \|x'_n\| \, \|y_n\| < +\infty$$

Si alors $x = \sum_i x_i \otimes z_i \in K \otimes M$, on a :

$$\|u(x)\|_\pi \leqslant \| \sum_n y_n \otimes (\sum_i < x_i , x'_n > z_i)\|_\pi \leqslant \sum_n \|y_n\| \, \| \sum_i < x_i , x'_n > z_i\| =$$

$$\sum_n \|y_n\| \sup_{\|z'\| \leqslant 1} | \sum_i < x_i \, x'_n > < y_i , y' > |$$

où $z' \in M'$:

$$\leqslant \sum_n \|y_n\| \, \|x'_n\| \sup_{\|z'\| \leqslant 1} \sup_{\|x'\| \leqslant 1} | \sum_i < x_i , x' > < z_i , z' > |$$

$$= (\sum_n \|y_n\| \, \|x'_n\|) \, \|x\|_\varepsilon$$ ce qui achève la démonstration.

VIII. 5. - Nucléarité, $n^{\text{ème}}$ épaisseur et exposant d'entropie

Il s'agit essentiellement ici d'une extension par dualisation et d'une systématisation des travaux de Mitiagin.

1. - Dimension diamétrale

Soit E un espace vectoriel normé de boule unité fermée U. Notons $\mathcal{S}_n$ l'ensemble de sous-espaces vectoriels de E de dimension $\leqslant n$

Pour toute partie B de E on appelle $n^{\text{ème}}$ épaisseur ou $n^{\text{ème}}$ diamètre de E le nombre :

$d_n(B) = \inf\{\lambda\ ;\ \lambda > 0,\ \exists E_n \in \mathcal{E}_n\ ;\ B \subset \lambda U + E_n\}$. La suite $d_n(B)$ est une suite décroissante de nombres réels positifs ou nuls.

Soient A et B deux disques bornés d'un ebc tels que $A \subset B$. On note $d_n(A, B)$ la $n^{\text{ème}}$ épaisseur de A dans E_B et on l'appelle la $n^{\text{ème}}$ épaisseur de A par rapport à B.

Définitions. -

a) - On dit qu'une suite (d_n) de nombres réels strictement positifs est une suite diamétrale pour un ebc E si tout disque borné A est contenu dans un disque borné B de E tel que $d_n(A, B) \leqslant d_n$.

b) - Soit E un ebc. On appelle dimension diamétrale de E l'ensemble des suites diamétrales pour E.

Le théorème suivant caractérise les ebc nucléaires en terme de dimension diamétrale.

THEOREME 1 : *Soit E un ebc complet. Les assertions suivantes sont équivalentes :*

(i) *E est nucléaire ;*

(ii) *Il existe un nombre réel positif k tel que la suite $(n+1)^{-k}$ soit diametrale pour E;*

(iii) *Pour tout nombre réel positif k la suite $(n+1)^{-k}$ est diamétrale pour E.*

Preuve : La démonstration, duale de la démonstration classique est laissée au lecteur (cf. [51] théorème 9.4.1).

2. - Entropie et nucléarité bornologique

a) - Soient E un espace normé ; ε un réel > 0 et U la boule de rayon ε. Si A est une partie de E, on appelle U-recouvrement de A, un recouvrement de A par des ensembles petits d'ordre U (au sens de la théorie des structures uniformes). On dit encore ε-recouvrement de A. On note :

$N(A, \varepsilon)$ le plus petit nombre d'éléments que peut compter un ε-recouvrement de A. C'est un nombre fini ou $= +\infty$. On appelle exposant d'entropie de A dans E le nombre

$$\rho(A) = \limsup_{\substack{\varepsilon \to 0 \\ \varepsilon > 0}} \frac{\operatorname{Log} \operatorname{Log} N(A, \varepsilon)}{\operatorname{Log} \frac{1}{\varepsilon}}$$

b) - Soient A et B deux disques bornés dans un ebc séparé tels que $A \subset B$. On note $\rho(A, B)$, l'exposant d'entropie de A dans E_B. On obtient alors la caractérisation suivante des bornologies nucléaires en termes d'exposant d'entropie.

THEOREME 2 : *Soit E un ebc complet. Les assertions suivantes sont équivalentes :*

(i) *E est nucléaire ;*

(ii) *Pour tout $\lambda > 0$, tout disque borné A de E est contenu dans un disque borné B tel que $\rho(A, B) < \lambda$;*

(iii) *Il existe un nombre réel $\lambda > 0$ tel que tout disque borné A de E soit contenu dans un disque borné B tel que $\rho(A, B) < \lambda$.*

Preuve : La démonstration est duale de la démonstration classique. (cf. [68] exposé N°20 bis, ou [51] §. 9. 7).

VIII. 6. - Bornologie nucléaire et ℓ^1-bornologie

Soit E un ebc complet et (x_n) une suite M-convergente vers (0) dans E. La suite (x_n) converge vers 0 dans E_B. Notons $\Gamma_1\{x_n\}$ l'ensemble des sommes dans E_B des séries $\sum_{n=0}^{\infty} \lambda_n x_n$ où $(\lambda_n) \in \ell^1$ avec $\sum_{n=0}^{\infty} |\lambda_n| \leqslant 1$. L'ensemble $\Gamma_1\{x_n\}$ est indépendant du borné B et est appelé l'enveloppe ℓ^1-disquée ou l'enveloppe complétante de (x_n) dans E. L'ensemble des parties de E contenues dans l'enveloppe ℓ^1-disquée d'une suite Mackey-absolument sommable forme une bornologie convexe appelée la ℓ^1-bornologie de E.

L'intérêt essentiel de la ℓ^1-bornologie est dans le théorème suivant.

THEOREME 1 : Soit E un ebc complet. Pour que E soit nucléaire, il faut et il suffit que sa bornologie soit plus fine que sa ℓ^1-bornologie.

Preuve : Nécessité : Soit E un ebc nucléaire et A un disque borné hilbertien de E. Il existe alors un disque borné hilbertien B de E contenant A tel que, l'injection canonique $\pi_{BA} : E_A \to E_B$ soit un opérateur de type $\ell^{1/2}$. Il existe par conséquent une suite orthonormée (e_n) de E_A, une suite orthonormée (f_n) de E_B, et une suite de scalaires (λ_n), telles que :

$$\pi_{BA} = \sum_{n=0}^{\infty} \lambda_n e_n \otimes f_n \quad \text{avec} \quad \sum_{n=0}^{\infty} |\lambda_n|^{1/2} = \lambda < +\infty .$$

Posons $x_n = \lambda |\lambda_n|^{1/2} f_n$. La suite x_n est absolument sommable dans E_B car :

$$\sum_n \|x_n\|_B = \lambda \sum_n |\lambda_n|^{1/2} \leqslant \lambda^2 < +\infty .$$

Soit $x \in A$ $x = \pi_{BA}(x) = \sum_n \lambda_n < x, e_n > f_n = \sum_n \lambda^{-1} |\lambda_n|^{1/2} < x, e_n > x_n$

$$= \sum_n \mu_n x_n \quad \text{où } \mu_n = \lambda^{-1} |\lambda_n|^{1/2} < x, e_n >$$

avec $\sum_n |\mu_n| \leqslant 1$ ce qui montre que x appartient à l'enveloppe ℓ^1-disquée de la suite (x_n) d'où la nécessité.

Suffisance : On va montrer que la suite $(n+1)^{-1}$ est diamétrale pour E L'assertion résultera alors de [(XI. 5), th. 1]. Soit A un disque borné de E. Par hypothèse A est contenu dans l'enveloppe ℓ^1-disquée d'une suite (x_n) Mackey-absolument sommable dans E. Soit B un disque borné B de E tel que $\sum_n \|x_n\|_B \leqslant 1$. En réordonnant la suite (x_n) on peut supposer :

$$\|x_1\| \geqslant \|x_2\| \geqslant \ldots\ldots\ldots\ldots\ldots \geqslant \|x_n \geqslant \|x_{n+1}\| \geqslant \ldots\ldots$$

On va montrer que pour tout entier m,

$$d_n (A, B) \leqslant \frac{1}{n+1} \quad \text{d'où le théorème.}$$

En effet, soit $x \in A$; $x = \sum_n \lambda_n x_n = x - \sum_{n<m} \lambda_n x_n$. On a :

$\|y\|_B \leqslant \sum_{n \geqslant m} |\lambda_n| \, \|x_n\|_B \leqslant \|x_m\|_B$. Il en résulte que si l'on note E_m le sous-espace vectoriel de E_B engendré par les vecteurs $x_o, x_1, \ldots, x_{m-1}$, l'on a :

$$x = y + \sum_{n<m} \lambda_n x_n \in \|x_m\|_B \, . \, B + E_m \, .$$

Comme x est arbitraire dans A on a :

$$A \subset \|x_m\|_B \, . \, B + E_m \, .$$

Il en résulte, en vertu de la définition de d_n que :

$$d_m(A, B) \leqslant \|x_m\| \quad \text{pour } m \in \mathbb{N} \, .$$

Alors pour tout entier n, on a donc puisque $d_n(A, B)$ est décroissante,

$$(n+1)\, d_n\,(A, B) \leqslant \sum_{k=0}^{n} d_k\,(A, B) \leqslant \sum_{k=0}^{n} \|x_k\| \leqslant 1$$

ce qu'il fallait démontrer.

Remarque : La nécessité dans le théorème 1 est en fait un cas particulier (relativement facile à démontrer) du théorème dual de Kōmura présenté ci-après.

VIII. 7. - Bornologie nucléaire et bornologie à décroissance rapide

1. - Une suite (x_n) dans un evb E est dite à décroissance rapide dans E si pour tout entier k la suite $n^k x_n$ est bornée dans E. On suppose dans ce qui suit E complet.

Toute suite à décroissance rapide dans E est Mackey absolument sommable dans E, a fortiori est Mackey-convergente vers (0) dans E.

Une partie A de E est dite à décroissance rapide si elle est contenue dans l'enveloppe ℓ^1-disquée d'une suite à décroissance rapide.

Définition : Soit E un ebc complet. On appelle bornologie à décroissance rapide de E et on note s(E) la bornologie convexe sur E engendrée par les parties à décroissance rapide de E.

On note $(E, \mathfrak{s})$ l'ebc ainsi obtenu. En abrégé la bornologie à décroissance rapide sera appelée la $(\mathfrak{s})$-bornologie. (Voir aussi [66]).

2. - PROPOSITION :

Soit E un evb. Une forme linéaire sur E est bornée dès qu'elle est bornée sur les suites à décroissance rapide de E.

Preuve : Soit f une forme linéaire non bornée de E, et B un borné de E tel que $f(B)$ ne soit pas borné dans $\mathbb{R}$. Il existe une suite (x_n) de points de B telle que pour tout entier $n \in \mathbb{N}$ $f(x_n) | > e^{2n}$. La suite $y_n = e^{-n} x_n$ est à décroissance rapide dans E et la forme f n'est pas bornée sur (y_n).

COROLLAIRE : Soit E un ebc régulièrement séparé et complet. La (s)-bornologie de E est compatible avec la dualité entre E et E^*.

3. - Les deux théorèmes suivants établissent la liaison entre la notion de bornologie nucléaire et de (s)-bornologie. Le théorème 2 est équivalent au critère de nucléarité de Kömura-Kömura [36] et sa démonstration s'inspire de celle de ce dernier. (Voir aussi [66]).

Rappelons au préalable qu'une application u d'un Banach X dans un Banach Y est dite polynucléaire si elle est la composée d'au moins deux opérateurs nucléaires. Une telle application a la propriété intéressante suivante : Si u s'annule sur un sous-espace fermé M de X, le quotient $u : X/_M \to Y$ est nucléaire.

THEOREME 1 : La (s)- bornologie d'un ebc complet E est nucléaire.

Preuve : Soit (x_n) une suite à décroissance rapide de E. On doit prouver l'existence d'une suite à décroissance rapide (y_n) de E telle que si A (resp. B) désigne l'enveloppe ℓ^1-disquée de A (resp. B), B absorbe A et l'injection $E_A \to E_B$ soit nucléaire. Posons $y_n = n^4 x_n$. Cette suite est à décroissance rapide dans E. L'application diagonale $\ell^\infty \overset{D}{\to} \ell^1$: $(\lambda_n) \to (\frac{\lambda_n}{n^2})$ est nucléaire (prototype d'opérateur nucléaire) donc l'application composée $\ell^1 \overset{I}{\to} \ell^\infty \overset{D}{\to} \ell^1$ où I est l'injection canonique est nucléaire. Il en résulte que l'application diagonale $\ell^1 \to \ell^1$ $(\lambda_n) \to (\frac{\lambda_n}{n^4})$ est polynucléaire. Les espaces de Banach E_A et E_B sont des quotients de ℓ^1, les surjections canoniques étant $(\alpha_n) \to \sum_n \alpha_n x_n$ et $(\beta_n) \to \Sigma \beta_n y_n$. Il est clair que l'opérateur $(\lambda_n) \to (\frac{\lambda_n}{n^4})$ de ℓ^1 dans ℓ^1 induit par passage au quotient l'injection canonique $E_A \to E_B$. Celle-ci est donc nucléaire d'où le théorème.

<u>Remarque</u> : Le théorème ci-dessus permet de construire des exemples d'ebc nucléaires au dual nul, en vertu de la proposition XI. 7. 2.

Le théorème 1 admet une réciproque.

<u>THEOREME 2</u> : <u>(Théorème de Kōmura-bornologique)</u>.

<u>Toute partie bornée d'un ebc nucléaire E est à décroissance rapide.</u>

<u>Preuve</u> : a) - Soit B un disque borné complétant de E. On peut le supposer hilbertien. Pour tout entier $k \geqslant 1$ il existe un disque borné hilbertien A_k de E contenant B telle que l'injection canonique :

$$\pi_k : E_B \to E_{A_k} \quad \text{soit un opérateur de type } \ell^{1/k}.$$

Alors $\pi_k = \sum_{n=1}^{\infty} \lambda_n^{(k)} \; e_n^{(k)} \otimes u_n^{(k)}$ avec $\sum_{n=1}^{\infty} |\lambda_n^{(k)}|^{1/k} < +\infty$. Ici, la suite $e_n^{(k)}$ est une <u>base</u> orthonormée de E_B : en effet, si $x \in E_B$ est orthogonal à tous les $e_n^{(k)}$, $\pi_k(x)$ est nul donc x est nul (π_k étant injective).

b) - Considérons la suite des bases orthonormées $(e_n^{(k)})_{n=1}^{\infty}$; $k = 1, 2, 3, \ldots$ et ordonnons les vecteurs $e_n^{(k)}$ suivant les valeurs croissantes de $\sup\{k, n\}$: $e_1^{(1)}, e_1^{(2)}, e_2^{(2)}, e_2^{(1)}, e_1^{(3)}, e_2^{(3)}, e_3^{(3)}, e_3^{(2)}, e_3^{(1)} \ldots\ldots$

On obtient ainsi une suite (e'_n). Le procédé d'orthogonalisation de Schmidt permet alors de fabriquer une base orthonormée (f_m) de E_B telle que $< f_m, e_n^{(k)} > = 0$ si $\sup(k, n) < \sqrt{m}$.

c) - On va montrer que la suite (f_m) est à décroissance rapide, ce qui établira le théorème. Soit alors un entier k. Il suffit de montrer que l'ensemble $\{m^k f_m \; ; m > k^2\}$ est bornée dans E.

Développons le vecteur f_m dans la base $e_n^{(k)}$:

$$f_m = \sum_n C_{m,n}^{(k)} \; e_n^{(k)} \quad \text{avec} \quad \sum_n | C_{m,n}^{(k)} |^2 = 1 .$$

Par construction de f_m, on a $C_{mn}^{(k)} = 0$ si $n < \sqrt{m}$ (puisque $k^2 < m$) ; donc :

$$m^{k/2} \; f_m = \sum_n m^{k/2} \; C_{m,n}^{(k)} \; e_n^{(k)}$$

et alors :

$$\pi_k(m^{k/2} \; f_m) = m^{k/2} \sum_{n=1}^{\infty} \lambda_n^{(k)} < f_m \, e_n^{(k)} > u_n^{(k)} = m^{k/2} \sum_{n=1}^{\infty} \lambda_n^{(k)}$$

$$< \sum_i C_{m,i}^{(k)} \; e_i^{(k)} \, , \; e_n^{(k)} > u_n^{(k)}$$

$$= m^{k/2} \sum_n \; C_{m,n}^{(k)} \; \lambda_n^{(k)} \; u_n^{(k)} .$$

D'où :

$$\|m^{k/2} f_m\|^2_{A_k} = \sum_n m^k \, |C^k_{m,n}|^2 \, |\lambda^{(k)}_n|^2 .$$

Soit $S = \sum_n |\lambda^{(k)}_n|^{1/k}$. En supposant la suite $|\lambda^{(k)}_n|$ rangée par valeurs décroissantes, c'est-à-dire : $|\lambda^{(k)}_1| \geqslant |\lambda^{(k)}_2| \geqslant + \ldots\ldots$, on a pour tout entier n, $n|\lambda^k_n|^{1/k} \leqslant S$ donc $|\lambda^{(k)}_n| \leqslant \frac{S^k}{n^k}$.

Alors $$\|m^{k/2} f_m\|^2_{A_k} \leqslant \sum_n m^k \, |C^{(k)}_{m,n}|^2 \, \frac{S^{2k}}{n^{2k}}$$

$$\leqslant S^{2k} \sum_n \left(\frac{m}{n^2}\right)^k |C^{(k)}_{m,n}|^2 .$$

Dans cette somme, on peut supposer $n^2 \geqslant m$ puisque pour $n^2 < m$ $C^{(k)}_{m,n} = 0$. Alors $\left(\frac{m}{n^2}\right)^k \leqslant 1$ et $\sum_n \left(\frac{m}{n^2}\right)^k |C^{(k)}_{m,n}|^2 \leqslant \sum_n |C^{(k)}_{m,n}|^2 = 1$.

La suite $(m^{k/2} f_m)$ est donc bornée dans E. Comme k est arbitraire, la suite (f_m) est à décroissance rapide dans E, ce qui termine la démonstration du théorème.

Ces théorèmes permettent d'énoncer la caractérisation suivante des ebc nucléaires.

THEOREME 3 : Soit E un ebc séparé. Pour que E soit nucléaire il faut et il suffit que E soit complet et que sa bornologie coïncide avec sa (s)-bornologie.

COROLLAIRE 1 : (Propriété universelle de la (s)-bornologie.)

Soit E un ebc complet.
Toute application linéaire bornée d'un ebc nucléaire F dans E est bornée de F dans (E,s). En particulier,

la (s)-bornologie de E est la moins fine des bornologies nucléaires sur E plus fines que la bornologie initiale de E.

COROLLAIRE 2 : La (s)-bornologie de la (s)-bornologie de E est identique à la (s)-bornologie de E. Autrement dit, s(s(E)) = s(E).

VIII. 8. - Un contre-exemple simple à une conjecture de Gröthendieck.

On sait qu'en général le dual fort d'un eℓc nucléaire E n'est pas nucléaire. Il l'est si E est métrisable ou un espace du type (DF). A. Gröthendieck a conjecturé :

> "Il semble possible que tout espace nucléaire dont les parties bornées sont métrisables, ait un dual fort nucléaire". ([24], chap. II, page 42, Remarque 7).

Cette conjecture est fausse. Voici un contre-exemple dont l'idée nous a été suggérée par L. Schwartz. Soit E un espace de Banach de dimension infinie, réflexif et séparable, E muni de la topologie $\sigma(E, E')$ est nucléaire, a des bornés métrisables et un dual fort non nucléaire.

VIII. 9. - Propriétés de permanence

La nucléarité d'une bornologie se conserve par les opérations bornologiques usuelles : sous-espace M-fermé et quotient ; produit dénombrable et somme directe quelconque, donc par limite inductive séparée quelconque ; enfin, par produit tensoriel bornologique complété π_b.

CHAPITRE IX

BORNOLOGIES A BASE DENOMBRABLE DANS LES ESPACES VECTORIELS TOPOLOGIQUES.

IX. 1. - INTRODUCTION

Dans [15], J. Dieudonné a étudié les "conditions de dénombrabilité" dans les espaces localement convexes et fourni une caractérisation intrinsèque des duals forts d'espaces de Fréchet Montel par le théorème suivant :

1. - "Soit E un espace tonnelé admettant une base dénombrable de convexes compacts, E est le dual fort d'un espace de Fréchet-Montel."

Dans le même article, J. Dieudonné a établi qu'en supprimant les hypothèses de convexité sur la famille des compacts de E on obtenait le résultat suivant :

2. - "Soit E un espace tonnelé ou bornologique admettant une base dénombrable de compacts, E est dense dans le dual fort E_1 d'un espace de Fréchet-Montel".

Relativement à ce dernier résultat, J. Dieudonné posa notamment les questions suivantes :

a) Le résultat 2) est-il vrai si E est supposé seulement quasi-tonnelé ?

b) E est-il toujours égal à E_1, autrement dit E est-il le dual fort d'un espace de Fréchet-Montel ?

Ces questions ont suscité des travaux de plusieurs auteurs dont notamment [8], [21], [22], [41].

Nous allons montrer dans ce chapître comment les questions posées par J. Dieudonné sont en dernière analyse des questions de bornologie. Partant d'un résultat assez élémentaire de bornologie, on peut donner des réponses affirmatives à ces questions, retrouver très simplement tous les principaux résultats connus dans cette direction et établir de nouveaux. Certains résultats suivants ont été publiés dans [27].

IX. 2. - Lemme fondamental

LEMME : Soit E un espace vectoriel bornologique non nécessairement convexe ; $\mathfrak{B}$ sa bornologie et $s_o(E)$ la bornologie à décroissance très rapide de E ; $\mathfrak{B}'$ une bornologie vectorielle sur E et $\mathfrak{B}''$ une famille de parties de E telles que :

$$\mathfrak{B} \supset \mathfrak{B}'' \supset \mathfrak{B}' \supset s_o(E).$$

Si la bornologie $\mathfrak{B}'$ est à base dénombrable, $\mathfrak{B}' = \mathfrak{B}''$.

Preuve : Soit (B_n) une base de $\mathfrak{B}'$. En vertu des hypothèses sur $\mathfrak{B}'$, pour tout entier n, il existe un entier m tel que $B_n \subset e^n B_n \subset B_m$. Il suffit par conséquent de montrer que tout élément de $\mathfrak{B}''$ est contenu dans un $e^n B_n$. Sinon, soit $B \in \mathfrak{B}''$, contenu dans aucun $e^n B_n$. Il existe alors une suite (x_n) de B telle que pour tout entier n, $x_n \notin e^n B_n$. La suite $e^{-n} x_n$ est à décroissance très rapide dans $(E, \mathfrak{B})$, donc, en vertu des hypothèses, $e^{-n} x_n$ est une suite bornée dans $(E, \mathfrak{B}')$. Il existe par conséquent un entier n_o tel que $e^{-n_o} x_{n_o} \in B_{n_o}$ ce qui est contraire à la construction de la suite (x_n) et achève la démonstration.

Remarque : Le lemme ci-dessus peut encore s'énoncer comme suit : Soit E un espace vectoriel ; $\mathcal{B}_1$ et $\mathcal{B}_2$ deux bornologies vectorielles sur E telles que $\mathcal{B}_1 \supset \mathcal{B}_2$. Si $\mathcal{B}_2$ est à base dénombrable et si toute suite à décroissance très rapide dans $(E, \mathcal{B}_1)$ possède une sous-suite bornée dans $(E, \mathcal{B}_2)$, $\mathcal{B}_1 = \mathcal{B}_2$.

IX. 3. - Applications aux espaces vectoriels topologiques

Soit E un espace vectoriel topologique, localement convexe et séparé. On peut considérer sur E plusieurs bornologies "naturelles". On notera :

- $\mathcal{B}$ la bornologie de Von-Neumann de E ;
- $s_o(E)$ la bornologie à décroissance très rapide de E ;
- $s(E)$ la bornologie à décroissance rapide de E ;
- $c_{o,m}(E)$ la bornologie convexe engendrée par les suites convergeant au sens de Mackey vers 0 ;
- $c_o(E)$ la bornologie convexe engendrée par les suites convergeant topologiquement vers 0 ;
- $\mathcal{B}_c$ la bornologie compacte de E ;
- $\mathcal{B}_p$ la bornologie précompacte de E ;
- $\mathcal{B}_{\gamma c}$ la bornologie formée des enveloppes disquées fermées des compacts de E ;
- $\mathcal{B}_{cc}$ la bornologie formée des disques compacts de E ;
- $\mathcal{B}_{\sigma, c}$ la bornologie compacte de E muni de la topologie affaiblie $\sigma(E, E')$;
- $\mathcal{B}_{\sigma, \gamma c}$ la bornologie formée des enveloppes disquées des compacts faibles.

- Avec des notations analogues, on définit

$$\mathcal{B}_{\gamma p}\,,\ \mathcal{B}_{cp}\,,\ \mathcal{B}_{\sigma, p}\ \text{et}\ \mathcal{B}_{\sigma, cp}\,.$$

Du fait que l'enveloppe convexe d'un précompact est précompact, on a $\mathcal{B}_p = \mathcal{B}_{\gamma p} = \mathcal{B}_{cp}$ et du fait que les parties bornées d'un espace localement convexe séparé sont identiques aux précompacts pour $\sigma(E, E')$, on a : $\mathcal{B} = \mathcal{B}_{\sigma, p} = \mathcal{B}_{\sigma, \gamma p} = \mathcal{B}_{\sigma, cp}$.

Les relations entre les diverses bornologies ci-dessus sont résumées dans le schéma suivant :

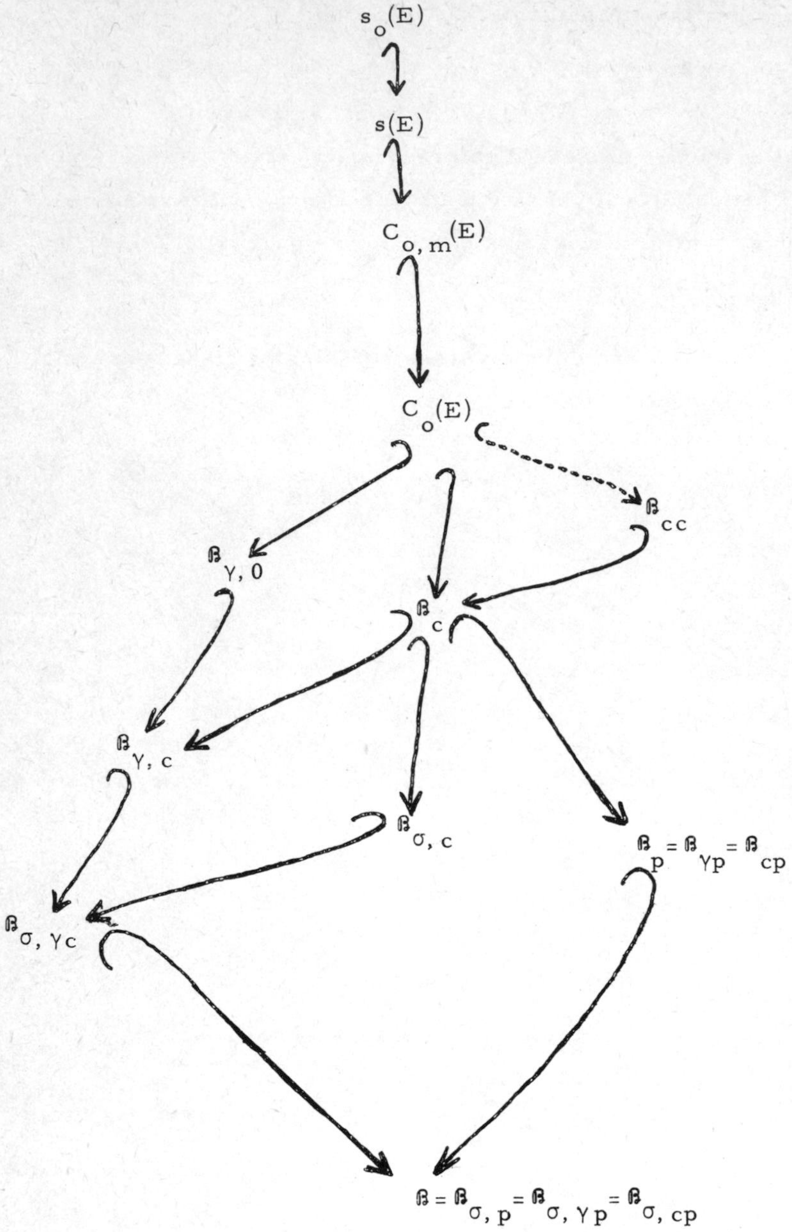

Si $\mathcal{B}_1$ et $\mathcal{B}_2$ sont deux bornologies comparables telles que $\mathcal{B}_2$ soit moins fine que $\mathcal{B}_1$ on note $\mathcal{B}_1 \hookrightarrow \mathcal{B}_2$. On note $\subset\text{-------}\rightarrow$ une implication moyennant des conditions de complétude.

Toutes les bornologies ci-dessus étant vectorielles, il est possible de former à partir du schéma ci-dessus plusieurs couples ($\mathfrak{B}'$, $\mathfrak{B}''$) répondant aux conditions du lemme. L'application de ce lemme fournit alors de nombreux résultats intéressants sur les conditions de dénombrabilité dans les espaces localement convexes suivant l'esprit de Dieudonné. Nous nous bornerons à énoncer ceux de ces résultats qui nous semblent les plus remarquables. Nous appelons semi-Montel un eℓc séparé dans lequel tout borné est relativement compact.

PROPOSITION 1 : Soit E un espace localement convexe séparé. Si la bornologie $\mathfrak{B}_c$ est à base dénombrable, E est un espace semi-Montel et de plus $\mathfrak{B}_c = \mathfrak{B}_{cc} = \mathfrak{B}_{\gamma c}$.

Démonstration : Si $\mathfrak{B}_c$ est à base dénombrable, $\mathfrak{B}_c = \mathfrak{B}_{\gamma c} = \mathfrak{B}$ donc E est semi-Montel donc quasi-complet, d'où : $\mathfrak{B}_{\gamma c} = \mathfrak{B}_{cc}$ d'où la proposition.

Remarque : On a montré que tout espace localement convexe séparé admettant une base dénombrable de compacts est nécessairement quasi-complet, résultat qui rend inutile une précaution de Dieudonné ([15], page 368, § 3).

COROLLAIRE 1 : Soit E un espace localement convexe séparé. Pour que E soit le dual fort d'un espace de Fréchet-Montel, il faut et il suffit que E soit quasi-tonnelé et que $\mathfrak{B}_c$ soit à base dénombrable.

Démonstration : La nécessité est évidente. Inversement, E étant quasi-tonnelé et semi-Montel est un espace de Montel donc réflexif. Comme $E'_\beta = E'_k$ (en notant E'_k le dual de E muni de la topologie de la convergence compacte), E'_β est métrisable. Comme c'est un espace de Montel, c'est donc un Fréchet-Montel d'où le corollaire.

La proposition 1 nous permet aussi de donner une caractérisation intrinsèque des espaces (DF) Montel au moyen de la bornologie précompacte, résultat qui retrouve de manière remarquablement simple et renforce un théorème de B. S. Brudovskii [8].

COROLLAIRE 2 : Soit F un espace localement convexe séparé. Les deux assertions suivantes sont équivalentes :

(i) F est le dual fort d'un espace de Fréchet Montel ;

(ii) $F = \hat{E}$ complété d'un espace quasi-tonnelé E dont la bornologie précompacte $\mathfrak{B}_p$ est à base dénombrable.

Démonstration : Supposons (i). Alors F est complet en tant que dual fort d'un espace localement convexe bornologique. Posons E = F. E est tonnelé en tant que dual fort d'un espace de Fréchet réflexif et E est un espace de Montel en tant que dual fort d'un espace de Montel, donc tout borné de E est précompact d'où (ii). Inversement, si la condition (ii) est satisfaite, E est un espace (DF) et par conséquent tout borné de $\hat{E}$ est contenu dans l'adhérence d'un borné de E . Comme E admet une base dénombrable d'ensembles précompacts, $\hat{E}$ admet alors une base dénombrable de compacts et comme $\hat{E}$ est tonnelé (car E est quasi-tonnelé) $\hat{E}$ est le dual fort d'un espace de Fréchet Montel en vertu du corollaire 1.

On en déduit un résultat de FUNAKOSI [21] par une démonstration nettement plus courte et plus simple.

COROLLAIRE 3 : Soit E un espace nucléaire quasi-complet dont la bornologie $\mathfrak{B}$ est à base dénombrable et telle que toute suite fortement bornée de son dual soit équicontinue. E est le dual fort d'un espace de Fréchet Montel.

Démonstration : L'espace E est nécessairement quasi-tonnelé : en effet, son dual fort E'_β est un espace de Montel métrisable. Il en résulte que tout borné de E'_β est séparable (car métrisable et relativement compact) donc est contenu dans l'adhérence dans E'_β d'une suite fortement bornée donc équicontinue, d'où notre assertion. E étant quasi-tonnelé est alors un espace (DF). Comme il est quasi-complet, il est complet. Comme $\mathfrak{B}_p = \mathfrak{B}$, le corollaire 3 résulte du corollaire 2.

La condition de dénombrabilité sur la bornologie précompacte fournit également une caractérisation intrinsèque des espaces (DF) Schwartz. En effet, on a la proposition suivante :

PROPOSITION 2 : Soit E un espace localement convexe séparé. Pour que E soit un espace (DF)-Schwartz, il faut et il suffit qu'il soit quasi-tonnelé et que sa bornologie précompacte $\mathfrak{B}_p$ soit à base dénombrable.

Démonstration : Démontrons tout d'abord la suffisance. D'après le lemme fondamental $\mathfrak{B}_p = \mathfrak{B}$ donc E est un espace (DF) dont tout borné est précompact. Comme E est quasi-tonnelé c'est un espace de Schwartz. En effet, il suffit pour cela de vérifier que E est "quasi-normable" au sens de Grothendieck [23] ce qui revient à vérifier (puisque E est quasi-tonnelé) que E'_β vérifie la condition de convergence de Mackey stricte [23] ce qui est vrai puisque E'_β est métrisable. Démontrons la nécessité. Notons E'_c le dual de E muni de la topologie de la convergence précompacte. La bornologie pré-compacte de E étant évidemment à base dénombrable (car dans un espace de Schwartz tout borné est précompact) il suffit de montrer que tout espace DF dans lequel tout borné est précompact est quasi-tonnelé. Soit B' un borné fort de E'. Ce borné est relativement compact dans E'_β : il suffit en effet pour cela de montrer que de toute suite de B' on peut extraire une sous-suite convergente car $E'_\beta = E'_c$ est métrisable. Or une suite (x_n) de B' est équicontinue car E est un (DF) donc faiblement relativement compacte, donc relativement compacte dans E'_c ([6]), chap. III, §. 3, prop. 5, n°5) c'est-à-dire dans E'_β. Comme E'_β est un espace de Fréchet, toute partie relativement compacte de E'_β est contenue dans l'enveloppe disquée fermée d'une suite tendant vers 0, donc d'une suite équicontinue (car E est un DF) et par conséquent est équicontinue. On a donc montré que E est quasi-tonnelé d'où la proposition.

Comme conséquence, on établit une dualité remarquable entre les espaces DF-Schwartz et les espaces de Fréchet-Montel.

COROLLAIRE 1 : Le dual fort d'un espace DF-Schwartz est un espace de Fréchet-Montel et le dual fort d'un espace de Fréchet-Montel est un espace DF-Schwartz.

La première assertion résulte de la démonstration de la proposition 2 où l'on a établi que tout borné fort du dual d'un espace DF-Schwartz est relativement compact dans E'_β. La seconde assertion résulte immédiatement de la proposition 2 puisque le dual fort d'un Fréchet-Montel est ultrabornologique donc tonnelé et ses parties précompactes sont relativement compactes.

Tirons comme autre conséquence de la proposition 2, un équivalent d'un résultat de Dieudonné ([15], prop. 3).

COROLLAIRE 2 : Tout espace localement convexe métrisable possédant une bornologie précompacte à base dénombrable est de dimension finie.

Ensuite, les conditions de dénombrabilité sur la bornologie

faiblement compacte permettent, moyennant le lemme fondamental de donner une caractérisation intrinsèque des duals forts d'espaces de Fréchet réflexifs, retrouvant ainsi, dûment renforcé, un résultat de J.H.Garling [22].

PROPOSITION 3 : Soit E un espace localement convexe séparé. Pour que E soit le dual fort d'un espace de Fréchet réflexif, il faut et il suffit que E soit quasi-tonnelé et que sa bornologie faiblement compacte $\mathfrak{B}_{\sigma,c}$ soit à base dénombrable.

Démonstration : La nécessité est évidente, le dual fort d'un espace de Fréchet réflexif étant un espace (DF) ultra-bornologique et réflexif. Inversement, l'hypothèse entraîne, en vertu du lemme fondamental que $\mathfrak{B} = \mathfrak{B}_{\sigma,c}$ donc E est semi-réflexif d'après Mackey-Arens. Comme $\mathfrak{B}_{\sigma,c}$ est à base dénombrable et E quasi-tonnelé, E est un (DF) réflexif, c'est-à-dire le dual fort d'un espace de Fréchet réflexif, d'où la proposition.

COROLLAIRE 1 : Tout espace localement convexe métrisable dont la bornologie faiblement compacte $\mathfrak{B}_{\sigma,c}$ est à base dénombrable est un espace de Banach-réflexif.

Enfin, les conditions de dénombrabilité sur la (s)-bornologie permettent de fournir une caractérisation intrinsèque du dual fort d'espace de Fréchet nucléaire.

PROPOSITION 4 ; Soit E un espace localement convexe séparé dont la bornologie de Von-Neumann est Mackey-complète, (en particulier E semi-complet). Pour que E soit le dual fort d'un espace de Fréchet nucléaire, il faut et il suffit que E soit quasi-tonnelé et que sa bornologie à décroissance rapide soit à base dénombrable.

Preuve : La nécessité résulte du chapitre VIII. Démontrons la suffisance La (s)-bornologie étant à base dénombrable on a $s(E) = \mathfrak{B}$ (lemme fondamental) donc la bornologie de Von-Neumann de E est nucléaire (chap. VIII) et à base dénombrable, donc le dual fort E'_β de E est un Fréchet nucléaire et comme E est réflexif car quasi-tonnelé et semi-Montel puisque $s(E) = \mathfrak{B} = \mathfrak{B}_c$, la proposition est démontrée.

Remarque : Signalons, contrairement à ce que nous avons affirmé dans la proposition 1 de [27] qu'il n'est pas en général équivalent de supposer $\mathfrak{B}_c$ et $\mathfrak{B}_{cc}$ à base dénombrable. Ceci tient au fait qu'une suite convergeant vers 0 dans un espace normé n'est pas nécessairement contenue dans un disque compact.

CHAPITRE X

TOPOLOGIES ET BORNOLOGIES PSEUDO-CONVEXES

X. 1. - Définitions et position du problème

Définitions

1) - Soit $0 < p \leqslant 1$ un nombre réel. Un evt est dit localement p-convexe s'il possède une base de voisinages de (0) formé de p-disques. Rappelons par ailleurs qu'un evb est dit p-convexe s'il possède une base de bornologie formée de p-disques.

2) - Un evt (resp. un evb) est dit localement pseudo-convexe (resp. pseudo-convexe) s'il possède une base de voisinages de (0), $(V_i)_{i \in I}$ (resp. une base de bornologie $(B_i)_{i \in I}$) telle que pour tout $i \in I$, V_i (resp. B_i) soit p_i-disqué (p_i étant un nombre réel $0 < p_i \leqslant 1$ dépendant de i).

De tels espaces sont des limites projectives (resp. inductives) dans la catégorie des evt (resp. des evb) d'evt localement bornés.

On se pose les deux problèmes suivants :

1) - Si E est un evt pseudo-convexe et non p-convexe, sa bornologie de Von-Neumann est-elle pseudo-convexe ?

2) - Si E est un evt métrisable dont la bornologie de Von-Neumann est pseudo-convexe, la topologie de E est-elle pseudo-convexe ?

La seconde question a été étudiée dans le cas p-convexe par

R.C. Metzler [45]. Les résultats ci-après, dûs à J.P. Ligaud [39], montrent que dans le cas pseudo-convexe les rapports topologies-bornologies peuvent être fort singulièrs.

X.2. - THEOREME 1 :

Tout evt métrisable dont la bornologie de Von-Neumann est pseudo-convexe est localement p-convexe pour un certain p, $0 < p \leqslant 1$.

Preuve : Sinon, en prenant successivement $p = \frac{1}{n}$, on peut construire par récurrence, une base dénombrable (V_n) de voisinages de (0), décroissante, telle que V_n ne contienne aucun voisinage de (0), $\frac{1}{n}$-disquée. Donc pour tous entiers positifs n et r, on a $\Gamma_{1/n}(V_{n+r}) \not\subset (n+r)V_n$. Il existe donc une partie finie $C_{n,r}$, contenue dans $\frac{1}{n+r} V_{n+r}$ telle que $\Gamma_{1/n}(C_{n,r}) \not\subset V_n$. Soit alors $C = \bigcup_{n,r \geqslant 1} (n+r)C_{n,r}$. C est un borné de E car pour tout voisinage V_{n_o}, $(n+r)C_{n,r} \subset V_{n_o}$ pour $n+r \geqslant n_o$, donc il n'existe qu'un nombre fini de points de C en dehors de V_{n_o}. Mais pour tout entier n, $\Gamma_{1/n}(C)$ n'est pas borné dans E : en effet, pour tout entier positif r, on a : $(n+r)\Gamma_{1/n}(C_{n,r}) \subset \Gamma_{1/n}(C)$ donc $\Gamma_{1/n}(C) \not\subset (n+r)V_n$. Ceci contredit le fait que la bornologie de Von-Neumann de E est pseudo-convexe, d'où le théorème.

Remarque : Il est évident que le théorème 1 est faux si E n'est pas supposé métrisable.

PROPOSITION 1 : Soit $(E_i)_{i\in I}$ une famille infinie d'evt localement p_i-convexes et $E = \bigoplus_{i\in I} E_i$ leur somme directe vectorielle topologique. Si E est localement pseudo-convexe, il existe q, $0 < q \leqslant 1$ tel que tous les E_i soient localement q-convexes.

Preuve : La démonstration, assez naturelle, est laissée au lecteur.

Remarques :

1) - La bornologie de Von-Neumann de E est toujours pseudo-convexe ;

2) - On peut choisir des (E_i) p_i-convexes avec $p_i \neq p_j$ pour $i \neq j$ ce qui redémontre que le théorème 1 est faux si l'on ne suppose pas la métrisabilité.

Voici un résultat dual du précédent.

PROPOSITION 2 : Soit $(E_i)_{i\in I}$ une famille d'evb p_i-convexes et $E = \prod_{i\in I} E_i$ leur produit bornologique. Si E est pseudo-convexe, il existe q, $0 < q \leqslant 1$ tel que tous les E_i soient q-convexes.

Remarque : Comme tout produit d'evt localement p_i-convexes est localement pseudo-convexe, et que la bornologie de Von-Neumann d'un evt p_i-convexe est p_i-convexe, la proposition ci-dessus permet de voir qu'en général la bornologie de Von-Neumann d'un evt localement pseudo-convexe n'est pas pseudo-convexe.

Cependant :

PROPOSITION 3 : Soit E un evt localement pseudo-convexe. Si la bornologie de Von-Neumann de E est à base dénombrable, elle est pseudo-convexe.

CHAPITRE XI

CONTRE-EXEMPLES

N°1. - L'espace de Nel : Exemple d'ebc Mackey-complet et non complet

Notons ℓ^{∞} l'espace de Banach E des suites scalaires bornées et k un sous-espace des suites finies (de composantes nulles à partir d'un certain rang). Pour tout sous-espace vectoriel F de ℓ^{∞}, de dimension finie, notons E_F l'espace vectoriel $k + F$ normé par la norme induite par ℓ^{∞}. Il est clair que pour $F_1 \subset F_2$, E_{F_1} est contenu dans E_{F_2} avec injection bornée et que $E = \bigcup_F E_F$. La bornologie $\mathcal{B}$ de E est formée de parties B de E contenues dans un ensemble de la forme $M(P, F) = \{x \in k + F \; ; \; \|x\|_{\infty} \leq P\}$ où $P > 0$ et F sous-espace de dimension finie de E. L'espace E muni de la bornologie limite inductive des E_F est l'espace de Nel. Comme ℓ^{∞} est complet, E est Mackey complet (vérification directe). Cependant E n'est pas complet : en effet, soit $B = \{k_1, k_2, \ldots, k_n, \ldots\}$ où $k_n = (0, 0 \ldots 1, \ldots 0)$, suite dont le n^e terme est le seul terme non nul, et vaut 1. Il est clair que B est borné dans $(E, \mathcal{B})$.

Posons : $\quad y_m = \sum_{n \geq 1} 2^{-mn} k_n \qquad m = 1, 2, \ldots$

Alors $y_m \in \nu B$ (enveloppe ℓ^1-disquée de B) pour tout entier m. On va montrer qu'il n'existe aucun sous-espace E_F contenant $\{y_m / m = 1, 2, \ldots\}$ ce qui prouvera que νB n'est pas bornée dans $(E, \mathcal{B})$ donc que la bornologie $\mathcal{B}$ n'est pas ℓ^1-disquée donc non complète (chap. II, §. V, N°3). Supposons qu'un tel sous-espace E_F existe. Alors pour tout entier $m \in \mathbb{N}$, on a :

$$y_m = e_m + f_m$$

où $e_m \in k$ et $f_m \in F$. Par hypothèse, l'ensemble $\{y_m - e_m / m = 1, 2, \dots\}$ est de dimension finie donc il existe un entier $k > 0$ et une combinaison linéaire nulle $\sum_{j=1}^{k} \lambda_j (y_j - e_j)$ avec des λ_j non tous nuls. Puisque chaque $e_j \in k$ $(j \leq k)$ n'a qu'un nombre fini de termes non nuls, on peut choisir un entier q suffisamment grand tel que pour $n > q$ les $n^{\text{ème}}$ termes de y_j et $y_j - e_j$ coïncident $(j \leq k)$. Pour tout $n > q$, on a donc :

$$\sum_{j=1}^{k} \lambda_j 2^{-jn} = 0$$

Il en résulte que le polynôme $\sum_{j=1}^{k} \lambda_j X^j$ a une infinité de zéros d'où la contradiction.

L'espace de Nel est un exemple d'ebc aux normes faiblement concordantes et non fortement concordantes. Il est régulier et non saturé, donc non polaire et coïncide algébriquement avec son complété.

On trouve aussi dans [29] un exemple d'ebc Mackey-complet, non complet construit à partir de la même idée de base.

N°2. - Espaces bornologiques séparés au complété nul

L'exemple suivant est dû à L. Waelbroeck [63]. Soit $E = \mathcal{P}_o$ l'espace des polynômes d'une indéterminée x, nuls à l'origine. Une partie B de $\mathcal{P}_o$ sera dite bornée s'il existe deux réels positifs, ε, M, tels que : $|P(x)| \leq M$ pour $x \in [-\varepsilon, \varepsilon]$ et $P \in B$: l'ensemble des parties bornées de $\mathcal{P}_o$ ainsi défini forme une bornologie sur $\mathcal{P}_o$ ayant pour base la suite (B_n) où $B_n = \{P \in \mathcal{P}_o \; ; \; |P(x)| \leq 1$ pour $x \in [-\frac{1}{n}, \frac{1}{n}]$. La jauge de E_{B_n} est la norme de la convergence uniforme sur $[-\frac{1}{n}, \frac{1}{n}]$. Il en résulte que le complété $\hat{E}_{B_n}$ de E_{B_n} est l'espace des fonctions continues, nulles à l'origine, sur le segment $[-\frac{1}{n}, \frac{1}{n}]$ (Weierstrass). La limite inductive des espaces $\hat{E}_{B_n}$ relative aux applications canoniques

$\hat{E}_{B_n} \to \hat{E}_{B_m}$ $(n \leq m)$ est l'espace des germes de fonctions continues, nulles à l'origine. Notons $\check{E}$ cet espace de germes et π_n l'application canonique de $\hat{E}_{B_n}$ dans $\check{E}$. Toute application linéaire bornée de E dans un ebc complet F se prolonge de manière unique à $\check{E}$. On va montrer que toute application linéaire bornée de $\check{E}$ dans un ebc séparé F est automatiquement nulle, ce qui signifie que $\check{E}$ coïncide avec la M-fermeture de son origine. C'est équivalent à dire que la topologie de la M-fermeture sur $\check{E}$ est grossière. Soit $f : \check{E} \to F$ une telle application. L'application $f \circ \pi_1 : \hat{E}_{B_1} \to F$ est bornée et π_1 applique B_1 <u>sur</u> $\check{E}$ car un germe nul à l'origine admet toujours un prolongement inférieur à l'unité sur le segment $[-1,+1]$. Alors $f(\check{E}) = f(\pi_1(B_1))$ est un sous-espace vectoriel borné de F donc automatiquement nul, ce qui achève la démonstration.

On trouve également dans [29] un exemple d'ebc séparé au complété nul.

N°3. - Espaces bornologiques séparés au dual nul

Un ebc au complété nul a évidemment un dual nul, mais la réciproque est fausse. Il existe même de nombreux exemples d'espaces bornologiques <u>complets</u> au dual nul. Ceci équivaut à dire en vertu de (§. VIII. 7) qu'il existe des ebc nucléaires au dual nul. Voici un exemple rédigé à partir d'une construction de Y. Komura [35].

Soient I = l'intervalle ouvert $]0, 1[$;

Δ = une division dénombrable $\{I_n\}$ de I par des intervalles ouverts $I_n \subset I$ avec $I_n \cap I_m = \emptyset$ pour $n \neq m$ et $I - \bigcup_n I_n$ étant dénombrable.

χ_n = la fonction caractéristique de I_n.

E_Δ = l'espace vectoriel $\{f = \Sigma x_n \chi_n (x_n) \in \mathbb{R}^{\mathbb{N}}\}$ muni de la métrique.

$$d(f,0) = \int_0^1 \frac{|f(x)|}{1+|f(x)|}\,dx \quad \left(= \Sigma\, |I_n| \frac{|x_n|}{1+|x_n|} \right).$$

Alors pour tout Δ, E_Δ est un espace localement convexe isomorphe à $\mathbb{R}^{\mathbb{N}}$. Si $\Delta_3 = \{I_n \cap I'_m \,;\, I_n \in \Delta_1$ et $I'_m \in \Delta_2\}$ pour 3 divisions $\Delta_1, \Delta_2, \Delta_3$, on écrira : $\Delta_3 = \Delta_1 \cup \Delta_2$. Alors E_{Δ_1} et E_{Δ_2} sont identifiables à des sous-espaces fermés de E_{Δ_3}. On place sur $E = \bigcup_\Delta E_\Delta$ la topologie localement convexe finale pour les injections $E_\Delta \to E$. Le dual E' de E est réduit à (0). (Prendre une forme linéaire continue f sur E' ; remarquer que pour tout Δ, f est nulle sur tous les χ_n sauf un nombre fini et vérifier alors par l'absurde que pour tout point $p \in I$, f est identiquement nulle "dans un voisinage" de p ce qui implique que f est identiquement nulle "sur I".)

Tous les E_Δ sont des Fréchet nucléaires, ce qui équivaut à dire que les espaces $\mathbb{B}E_\Delta$ sont des ebc nucléaires (Grothendieck). La limite inductive bornologique F des ebc $\mathbb{B}E_\Delta$ est donc nucléaire et il est clair que $E' = F^\times$.

N°4. - <u>Autres exemples variés d'espaces bornologiques convexes séparés au dual nul</u>

a) - Soit E un evt métrisable et complet au dual nul. Si E n'est pas localement convexe, sa bornologie de Von-Neumann n'est pas convexe. L'ensemble des disques compacts de E définit sur E une bornologie convexe complète au dual nul. Ceci provient du fait que toute suite (x_n) d'un evt métrisable et complet tendant vers 0 contient une sous-suite (x_{n_k}) contenue dans un disque compact de E. Exemples concrets : les espaces $L^p(I)$ $0<p<1$; l'espace $L^o(I)$ des fonctions mesurables sur I = intervalle $[0, 1]$ muni de la topologie de la convergence en mesure.

b) - Soit μ la mesure de Lebesgue sur l'intervalle $[0, 1]$ et $0<p<1$. L'espace $L^p(\mu)$ muni de son ordre naturel est un treillis complet (au sens de l'ordre). La bornologie de l'ordre de $L^p[0, 1]$ est convexe, complète et toute forme linéaire bornée pour cette bornologie est différence de deux formes linéaires positives. Sur $L^p(\mu)$ toute forme linéaire positive est continue donc identiquement nulle.

c) - Consulter dans le même ordre d'idées les exercices suivants de Bourbaki ([6], chap. 4-2, §. 2, ex. 5 ; §. 4, ex. 12 , §. 5, ex. 26 ; §. 6, ex. 12 ; [6], chap. III. 5, §. 2, ex. 8) et A. Grothendieck (Cours de Sao Paulo, p. 195, ex. 2).

d) - Rappelons enfin que sur tout espace vectoriel de dimension infinie E, il existe une bornologie convexe séparée pour laquelle le dual de E est réduit (0) ; (exemples : la bornologie séparée minimale de E ; voir un autre exemple dans [29]).

N°5. - Une suite convergente pour la topologie τE de la M-fermeture n'est pas en général Mackey-convergente. Elle peut même ne pas être bornée. Ceci montre encore que la Mackey-convergence des suites n'est pas en général topologisable. Voici un exemple dû à Perrot (cf. [49]).

Soit E un espace vectoriel de dimension algébrique infinie, dénombrable, et soit (e_k) une base qu'on peut écrire avec deux indices (e_n^m).

Formons le tableau suivant :

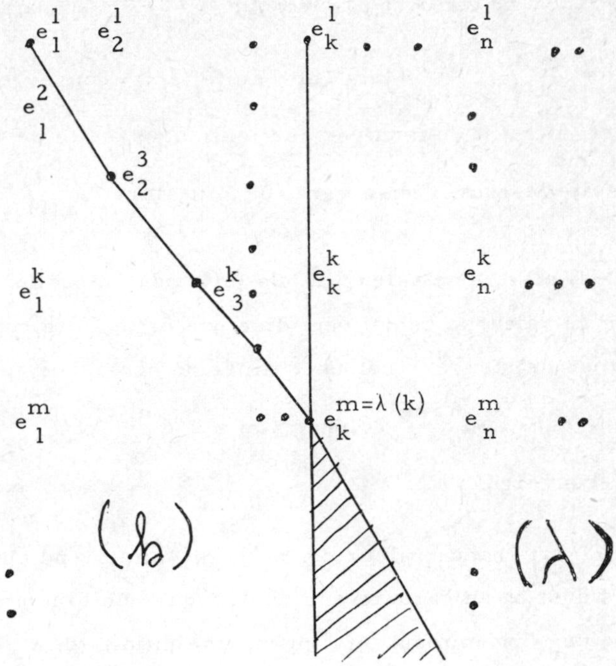

Soit ($\mathfrak{F}$) une famille de points de ce tableau, on appellera $B_{\mathfrak{F}}$ l'ensemble des points de E qui se décomposent sur $\mathfrak{F}$ et dont chaque composante est inférieure ou égale à 1. On notera (k) la famille des points qui sont contenus dans les k premières colonnes. Λ désignant l'ensemble des suites d'entiers strictement croissantes pour tout λ appartenant à Λ on notera (λ) la famille des points e_n^m tels que $m \leq \lambda(n)$. On définit sur E une bornologie β vectorielle, séparée, convexe en prenant comme système fondamental de bornés :
$\{n(B_k + B_\lambda)\}_{n \in \mathbb{N}\,;\, k \in \mathbb{N}\,;\, \lambda \in \Lambda}$.

β est invariante par somme vectorielle.

Considérons maintenant la suite $(\acute{e}_k)_k$ où les $\acute{e}_k$ seront des homothétiques des e_k convenablement choisis ; nous poserons : $\acute{e}_n^m = \frac{1}{m+n} e_n^m$

La suite $(\acute{e}_k)_k$ n'est pas bornée ; en effet, quelque soit le borné $n(B_k + B_\lambda)$ il ne contient pas le point $e_{k+1}^{\lambda(k+1)+1}$ donc il ne contient pas non plus $\acute{e}_{k+1}^{\lambda(k+1)+1}$ Mais cette suite $(\acute{e}_k)_k$ converge vers 0 pour τE. En effet, il suffit de montrer que toute sous-suite de $(\acute{e}_k)$ contient une sous-suite M-convergente vers 0. Soit alors $(e_{n(\ell)}^{m(\ell)})_\ell$ une telle sous-suite;

a) - Il existe une valeur n_o de $n(\ell)$ pour laquelle $m(\ell)$ prend une infinité de valeurs, ce qui veut dire que cette suite contient une infinité de termes de la $n_o^{\text{ième}}$ colonne, alors on considère cette sous-suite infinie contenue dans la $n_o^{\text{ième}}$ colonne, on a : $\acute{e}_{n_o}^{m(\ell)} \in \frac{1}{n_o + m(\ell)} B_{n_o}$ donc elle M-converge.

b) - Pour chaque valeur de $n(\ell)$, $m(\ell)$ ne prend qu'un nombre fini de valeurs dont on en gardera une quelconque que l'on notera $m(n(\ell))$, mais dans ce cas évidemment $n(\ell)$ prend une infinité de valeurs, ce qui nous détermine une suite $m(n(\ell))_{\ell=1\ldots}$ mais il existe dans Λ une suite λ telle que :

$$\lambda\,(n(\ell)) \geqslant m(n(\ell)) \quad \text{pour} \quad \ell = 1, 2, \ldots$$

alors on a :

$$e_{n(\ell)}^{m(n(\ell))} \in B\lambda$$

d'où :

$$\acute{e}_{n(\ell)}^{m(n(\ell))} \in \frac{1}{n(\ell)+m(n(\ell))} B\lambda$$ donc cette sous-suite M-converge.

N°6. - Exemple de bornologie vectorielle convexe associée à une topologie non vectorielle.

Soit E un evb séparé et τE sa topologie de la M-fermeture (non vectorielle en général). Convenons qu'une partie A de E est bornée pour τE si elle est absorbée par tout voisinage de 0 pour τE. Il est équivalent de dire (vérification aisée) qu'une partie A de E est bornée pour τE si pour toute suite (x_n) de points de A et toute suite (λ_n) de réels tendant vers 0, la suite $(\lambda_n x_n)$ contient une sous-suite bornée dans E. La bornologie $\mathbb{B}\tau E$ ainsi associée à τE est vectorielle, de caractère dénombrable et si E est un ebc, cette bornologie est convexe. De plus, on a $\tau\mathbb{B}\tau = \tau$ c'est-à-dire la topologie de la M-fermeture associée à $\mathbb{B}\tau$ est la topologie τE.

N°7. - Exemple d'ebc dans lequel une partie est absorbée par tout bornivore sans être bornée

Prendre E un espace vectoriel de dimension algébrique non dénombrable et $(e_i)_{i\in I}$ une base de E. Considérer sur E la bornologie suivante : les bornés sont les parties de dimension dénombrable dont les coordonnées sont uniformément bornées. La famille $(e_i)_{i\in I}$ est non bornée mais est absorbée par tout bornivore.

N°8. - Une fonction $f : E \to F$ entre deux ebc séparés continue de τE dans τF ne transforme pas nécessairement les suites M-convergentes en suites M-convergentes, même si f est linéaire [49].

Soit F l'ebc du N°7, et soit E le même espace vectoriel muni de la bornologie $\mathbb{B}\tau F$ associée à la topologie de la M-fermeture de E. L'identité $E \to F$ est continue de τE dans τF mais n'est pas M-séquentiellement M-continue.

- o -

CHAPITRE XII

DISTRIBUTIONS DANS LES ESPACES BORNOLOGIQUES ET DISTRIBUTIONS OPERATIONNELLES

I. - MOTIVATION

L. Schwartz a développé en 1957 une théorie des distributions à valeurs dans un espace localement convexe séparé quasi-complet. Après lui, J. Wloka développa une théorie des distributions à valeurs dans le corps des opérateurs de Mikusinski. En 1960, J. Mikusinski [46] remarqua que la théorie de Wloka échappait à la théorie de L. Schwartz, car la pseudo-topologie de l'espace $\mathfrak{M}$ des opérateurs de Mikusinski n'est pas topologisable. Mikusinski a alors posé en substance le problème suivant :

> "Est-il possible d'attribuer à un espace vectoriel E de telles propriétés qu'on en obtienne une notion de distributions dans E admettant comme cas particulier les distributions opérationnelles ?"

Dans le même article, J. Mikusinski a donné une réponse positive à cette question en supposant que E est une "réunion d'espaces de Banach." Mais la théorie de Mikusinski contient très peu de résultats par rapport à celle de L. Schwartz et aucune liaison n'a été établie jusqu'à ces derniers temps entre les théories.

Dans ce qui suit, on expose une nouvelle solution à ce problème de Mikusinski en supposant E ebc séparé a priori non complet. On obtient une théorie généralisant effectivement celle de L. Schwartz et unissant dans un certain sens la théorie de ce dernier à celle de

J. Mikusinski. Les résultats de ce chapitre sont dûs à M. T. Saux et sont tirés de [53] et [54].

II. - Une bornologie naturelle sur le corps des opérateurs de Mikusinski

Rappelons brièvement la définition du corps $\mathfrak{M}$ des opérateurs de Mikusinski. Soit $\mathcal{C}$ l'ensemble des fonctions continues sur $[0, +\infty]$ à valeurs réelles ou complexes. On le munit de deux lois de composition : l'addition $+$ et la convolution $*$

$$(f * g)(t) = \int_0^t f(t-u)\, g(u)\, du.$$

$(\mathcal{C}, +, *)$ devient un anneau intègre (théorème de Titchmarsh). Son corps des fractions est par définition le corps des opérateurs de Mikusinski. On le note $\mathfrak{M}$. Un élément de $\mathfrak{M}$ est donc une fraction de convolution $\frac{\{f(t)\}}{\{g(t)\}}$ de deux fonctions continues sur $[0, +\infty]$.

J. Mikusinski a introduit dans $\mathfrak{M}$ une notion de convergence dite convergence opérationnelle. Une suite (x_n) de $\mathfrak{M}$ est dite convergente vers 0 si et seulement si il existe un élément non nul $\mathcal{C}$ de $\mathfrak{M}$ tel que $\mathcal{C} * x_n$ soit une suite de $\mathcal{C}$ convergeant vers 0 pour la topologie de la convergence compacte.

THEOREME : Le corps $\mathfrak{M}$ des opérateurs de Mikusinski est canoniquement muni d'une structure bornologique pour laquelle c'est un ebc complet. De plus, sur $\mathfrak{M}$ la convergence opérationnelle identique à la convergence bornologique (Mackey-convergence).

Preuve : cf. [53].

III. - Distributions à valeurs dans un espace bornologique

A. - Définition

Soient $\mathbb{R}^n$ muni de sa bornologie naturelle, $\mathcal{E}$ l'espace des fonctions réelles indéfiniment dérivables, définies sur $\mathbb{R}^n$, $\mathcal{D}$ le sous-espace de $\mathcal{E}$ des fonctions à support borné. Si K est un borné de $\mathbb{R}^n$ notons $\mathcal{D}_K$ le sous-espace de $\mathcal{E}$ des fonctions à support inclus dans K muni de la bornologie suivante : une partie B de $\mathcal{D}_K$ sera bornée s'il existe une suite croissante de réels positifs (M_m) telle que :

$$f \in B \text{ et } |p| \leq m \text{ impliquent } |D^p f| \leq M_m .$$

$\mathcal{D}_K$ devient un ebc topologique, la topologie déduite étant celle de L. Schwartz.

Lorsque K parcourt un système fondamental de bornés de $\mathbb{R}^n$ la famille $(\mathcal{D}_K)$ constitue un système inductif d'espaces bornologiques, comme $\mathcal{D}$ est égal à la réunion des $\mathcal{D}_K$, on munit $\mathcal{D}$ de la bornologie limite inductive des $\mathcal{D}_K$. $\mathcal{D}$ devient ainsi un ebc topologique et la topologie $T\mathcal{D}$ coïncide avec celle de L. Schwartz. Dans tout ce qui suit, on notera $\mathcal{D}$ indifféremment l'eℓc de Schwartz ou l'ebc ainsi décrit. $\mathcal{D}$ est un ebc complet, de plus, il est égal algébriquement et bornologiquement à son bidual bornologique $\mathcal{D}^{\times\times}$.

Définition. - On appelle espace des distributions vectorielles à valeurs dans l'espace vectoriel bornologique E l'espace des applications linéaires et bornées de $\mathcal{D}$ dans E, muni de la bornologie naturelle.

On notera $\Lambda(\mathcal{D}, E)$ cet espace et les signes tels que $\vec{T}, \vec{S}, \ldots,$ désigneront ses éléments. Nous supposerons désormais E ebc complet sauf mention expresse du contraire. Cependant, plusieurs résultats ci-dessous se conservent au cas des ebc non nécessairement complets.

B. - Distributions vectorielles associées à des fonctions

Dans le cas scalaire, on sait que toute fonction continue définit une distribution. Nous allons introduire une classe de fonctions vectorielles nous permettant de généraliser ce résultat.

1. Ensembles et espaces bornologiques munis d'une topologie concentrée sur les bornés : ensembles et espaces b-topologiques

Définition 1 : On appelle ensemble [resp. espace] bornologique muni d'une topologie concentrée sur les bornés, en abrégé ensemble [resp. espace] b-topologique, un triplet $(X, \mathcal{B}, T)$ où X est un ensemble [resp. espace], $\mathcal{B}$ une bornologie sur X [resp. une bornologie vectorielle et convexe] et sur tout borné B de X est définie une topologie $T(B)$ telle que si B est inclus dans B' l'injection de $(B, T(B))$ dans $(B', T(B'))$ soit continue.

Définition 2 : Etant donnés deux ensembles b-topologiques $(X, \mathcal{B}, T)$ et $(Y, \mathcal{B}', T')$ on appellera application $\mathcal{B}\mathcal{B}'$ continue de X dans Y toute application f de X dans Y vérifiant la propriété suivante :

Pour tout borné B de X il existe un borné B' de Y tel que la restriction de f à B soit une application continue de B dans B'.

Exemples (1). X et Y étant deux espaces topologiques munis de leurs bornologies grossières, les applications $\mathcal{B}\mathcal{B}'$ continues de X dans Y sont les applications continues.

(2). Tout e b c peut être canoniquement muni d'une structure b-topologique en associant à chaque disque borné la topologie de sa jauge.

2. Distributions vectorielles associées aux applications $\mathcal{B}$-$\mathcal{B}'$ continues

Soit $\mathbb{R}^n$ muni la bornologie compacte $\mathcal{B}$, E un e b c muni d'une bornologie complète $\mathcal{B}'$, associons à chacun de ces espaces la structure b-topologique canonique décrite plus haut (exemple 2).

Une application f $\mathcal{B}\mathcal{B}'$ continue de $\mathbb{R}^n$ dans E vérifie la propriété suivante : quel que soit le compact K de $\mathbb{R}^n$ il existe un borné complétant B de E tel que f_K, la restriction de f à K, soit continue de K dans B d'où à fortiori de K dans E_B.

A f, $\mathcal{B}\mathcal{B}'$ continue de $\mathbb{R}^n$ dans E associons une application de $\mathcal{D}_K$ (K compact de $\mathbb{R}^n$) dans E de la façon suivante :

soit B associé à K comme plus haut, si $\varphi \in \mathcal{D}_K$,

$$\int_K f_K(x)\,\varphi(x)\,dx = y$$

est un élément de l'espace de Banach E_B. Si π_B désigne l'injection de E_B dans E, notons $\vec{T}_f^B(\varphi) = \pi_B(y)$. Cet élément de E est indépendant du borné complétant B qui a servi à le construire.

Désormais, nous noterons $\vec{T}_f(\varphi) = \int_{\mathbb{R}^n} f(x)\,\varphi(x)\,dx$, pour tout φ de $\mathcal{D}$.

L'application ainsi définie de $\mathcal{D}$ dans E est linéaire et bornée.

PROPOSITION : Toute application f, $\mathcal{B}\mathcal{B}'$ continue de $\mathbb{R}^n$ dans E ebc complet définit une distribution vectorielle à valeurs dans E et cette distribution est donnée par :

$$\vec{T}_f(\varphi) = \int_{\mathbb{R}^n} f(x)\,\varphi(x)\,dx$$

(cette intégrale étant convergente dans un E_B).

Remarque : Lorsque E est un espace de Banach les applications $\mathcal{B}\mathcal{B}'$ continues de $\mathbb{R}^n$ dans E sont les applications continues, on retrouve le résultat suivant : toute fonction continue de $\mathbb{R}^n$ dans E définit une distribution vectorielle à valeurs dans E.

C. - Distributions associées à des "espaces intermédiaires"

Définition : Nous appellerons "espace intermédiaire" un ebc $\mathcal{H}$ vérifiant $\mathcal{D} \subset \mathcal{H} \subset \mathcal{D}^{\times}$, l'injection $\mathcal{H} \to \mathcal{D}^{\times}$ étant bornée.

A un tel espace nous associons des distributions vectorielles de la façon suivante : nous considérons l'application h de $\mathcal{D} = (\mathcal{D}^{\times})^{\times}$ dans $\mathcal{H}^{\times}$ qui à toute forme linéaire bornée sur $\mathcal{D}^{\times}$ associe sa restriction à $\mathcal{H}$ (h est la transposée de l'injection $\mathcal{H} \to \mathcal{D}^{\times}$) , h est linéaire, bornée et injective (car $\mathcal{H}$ contient $\mathcal{D}$) ; soit maintenant l'application linéaire et bornée

$$\begin{array}{ccc} \Lambda(\mathcal{H}^{\times}, E) & \longrightarrow & \Lambda(\mathcal{D}, E) \\ \vec{T} & & \vec{T} \circ h \end{array}$$

où $\Lambda(\mathcal{H}^{\times}, E)$ est l'espace des applications linéaires bornées de $\mathcal{H}^{\times}$ dans E muni de la bornologie naturelle.

Les éléments de $\Lambda(\mathcal{H}^{\times}, E)$ peuvent ainsi être assimilés à des distributions vectorielles et si la b-fermeture de $\mathcal{D}$ dans $\mathcal{H}^{\times}$ est identique à $\mathcal{H}^{\times}$ (condition pratiquement toujours réalisée) , E étant de plus séparé, l'application $\vec{T} \to \vec{T} \circ h$ est injective.

Dans les exemples qui vont suivre les espaces de distributions scalaires seront munis des topologies et bornologies de L. Schwartz et leurs duaux des bornologies équicontinues.

Exemples :

(1) $\mathcal{H} = \mathcal{S}^{\times}$, $\Lambda(\mathcal{S}, E)$ sera appelé espace des distributions vectorielles tempérées.

(2) $\mathcal{H} = \mathcal{E}^{\times}$, $\Lambda(\mathcal{E}, E)$ sera appelé espace des distributions vectorielles à support compact.

(3) $\mathcal{H} = \mathcal{K}_{\mathbb{R}^n}$ espace des fonctions continues à support compact

$\Lambda(\mathcal{K}'_{\mathbb{R}^n}, E)$ généralise la notion du dual de l'espace des mesures de Radon sur $\mathbb{R}^n$.

(4) $\mathcal{K} = L^p(\mathbb{R}^n)$ on lui associe $\Lambda(L^{p'}, E)$ avec $\frac{1}{p} + \frac{1}{p'} = 1$.
$1 \leq p < +\infty$

(5) $\mathcal{K} = \mathcal{D}'_{L^q}$ dual de $\mathcal{D}_{L^p}$, $(\frac{1}{p} + \frac{1}{q} = 1)$ alors $\Lambda(\mathcal{K}^{\times}, E) = \Lambda(\mathcal{D}_{L^p}, E)$
$1 < q < +\infty$ sera appelé espace des distributions vectorielles de puissance $p^{\text{ième}}$ sommable.

$\mathcal{K} = \mathcal{D}_{L^p}$ on obtient $\Lambda(\mathcal{D}'_{L^q}, E)$.

(6) $\mathcal{K} = \mathcal{D}'_+$ il vient alors $\Lambda(\mathcal{D}_-, E)$ qui sera appelé espace des distributions vectorielles à support limité à gauche.

D/ - Dérivation des distributions

Soit un n-uplet p et une distribution $\vec{T}$, l'application de $\mathcal{D}$ dans lui-même qui à toute application φ associe sa dérivée $D^p\varphi$ est linéaire et bornée. Sa composée avec $(-1)^{|p|}\vec{T}$ est donc linéaire et bornée de $\mathcal{D}$ dans E, c'est-à-dire une distribution notée $D^p\vec{T}$.
Par définition : $(D^p\vec{T})(\varphi) = (-1)^{|p|}\vec{T}(D^p\varphi)$ quel que soit φ de $\mathcal{D}$.
Cette définition permet d'énoncer l'important résultat suivant :

Proposition. Toute distribution vectorielle à valeurs dans un e v b est indéfiniment dérivable et la dérivation est un endomorphisme de $\Lambda(\mathcal{D}, E)$.

E. - Multiplication des distributions

1. Multiplication d'une distribution vectorielle par une fonction indéfiniment dérivable

Soient α une fonction de $\mathcal{E}$ et $\vec{T}$ une distribution vectorielle, l'application de $\mathcal{D}$ dans $\mathcal{D}$ qui à toute application φ associe $\alpha\varphi$ est linéaire et bornée. Sa composée avec $\vec{T}$ est alors linéaire et bornée de $\mathcal{D}$ dans E, c'est-à-dire une distribution vectorielle notée $\vec{T}\alpha$.
Par définition : $(\vec{T}\alpha)(\varphi) = \vec{T}(\alpha\varphi)$ quel que soit $\varphi \in \mathcal{D}$.

2. Multiplication d'une distribution vectorielle par une distribution scalaire (opérateur de multiplication).

Soient deux ebc intermédiaires $\mathcal{H}$ et $\mathcal{L}$ étant de plus topologique, nous désignons par opérateur de multiplication toute distribution scalaire S de $\mathcal{D}^{\times}$ telle qu'il existe une application [S] de $\mathcal{H}$ dans $\mathcal{L}$ linéaire, bornée et dont la restriction à $\mathcal{D}$ est la multiplication définie ci-dessus.

$\mathcal{H}$ et $\mathcal{L}$ étant t-séparés, on sait alors qu'il existe une application transposée de [S], notée ${}^{t}[S]$, de $\mathcal{L}^{\times}$ dans $\mathcal{H}^{\times}$ qui est linéaire et bornée, nous en déduisons l'application :

$$\begin{array}{ccc} \Lambda(\mathcal{H}^{\times}, E) & \longrightarrow & \Lambda(\mathcal{L}^{\times}, E) \\ \vec{T} & & \vec{T} \circ {}^{t}[S] \end{array}$$ qui est linéaire et bornée.

Par définition, le produit multiplicatif de $\vec{T}$ par S est :

$$\vec{T}S = \vec{T} \circ {}^{t}[S] .$$

Soient $\mathcal{H}, \mathcal{K}$ et $\mathcal{L}$ trois ebc intermédiaires, $\mathcal{L}$ étant topologique, nous avons la proposition suivante où λ (resp. τ) désigne une famille de bornés de $\mathcal{H}$ (resp. $\mathcal{K}$).

PROPOSITION : Si Φ est une application bilinéaire de $\mathcal{H} \times \mathcal{K}$ dans $\mathcal{L}(\lambda - \tau)$ hypobornée (*) (τ étant un recouvrement de $\mathcal{K}$) dont la restriction à $\mathcal{D} \times \mathcal{K}$ est la multiplication ordinaire alors on peut définir une multiplication σ de $\Lambda(\mathcal{H}^{\times}, E) \times \mathcal{K}$ dans $\Lambda(\mathcal{L}^{\times}, E)$ c'est-à-dire une application bilinéaire. De plus, il existe une famille λ' de bornés de $\Lambda(\mathcal{H}^{\times}, E)$ telle que σ soit (λ', τ)hypobornée.

(*) Dans ce qui suit, on pourra lire "borné" à la place de "hypoborné".

Exemple 1 : Soit $\mathcal{S}$ l'espace des fonctions indéfiniment dérivables à décroissance rapide, soit $\mathcal{O}_M$ l'espace des fonctions indéfiniment dérivables à croissance lente.

La multiplication de $\mathcal{S}^{\times} \times \mathcal{O}_M$ dans $\mathcal{S}^{\times}$ est une application bilinéaire et bornée, nous lui associons alors la multiplication

$$\Lambda(\mathcal{S}, E) \times \mathcal{O}_M \longrightarrow \Lambda(\mathcal{S}, E) \qquad \text{car} \quad \mathcal{S}^{\times\times} = \mathcal{S} .$$

Exemple 2 : Soit la multiplication $\mathcal{K}_{\mathbb{R}^n} \times \mathcal{K}'_{\mathbb{R}^n} \longrightarrow \mathcal{E}^{\times}$
$(f, \mu) \quad\quad f\mu$

où $(f\mu)(\varphi) = \mu(f\varphi)$ quel que soit φ de $\mathcal{E}$, nous en déduisons la multiplication

$$\Lambda(\mathcal{K}'_{\mathbb{R}^n}, E) \times \mathcal{K}'_{\mathbb{R}^n} \longrightarrow \Lambda(\mathcal{E}, E) .$$

Exemple 3 : (Si p est un réel > 1, p' désignera le réel $\frac{p}{p-1}$).
Considérons l'application bilinéaire $\mathcal{D}'_{L^p} \times \mathcal{D}_{L^q} \longrightarrow \mathcal{D}'_{L^r}$ où $1 < p$, $q < +\infty$, $1 \leq r$ et $\frac{1}{r} \leq \frac{1}{p} + \frac{1}{q}$, définie par $(T\alpha)(\varphi) = T(\alpha\varphi)$. Cette application est bornée car hypocontinue (cf. [69] p. 203).

Nous obtenons alors les multiplications

$$\Lambda(\mathcal{D}_{L^{p'}}, E) \times \mathcal{D}_{L^q} \longrightarrow \Lambda(\mathcal{D}_{L^{r'}}, E)$$

et

$$\Lambda(\mathcal{D}'_{L^{q'}}, E) \times \mathcal{D}'_{L^p} \longrightarrow \Lambda(\mathcal{D}_{L^{r'}}, E) .$$

F - Convolution des distributions

1. Convolution d'une distribution vectorielle et d'une fonction de $\mathcal{D}$

Soient α une fonction de $\mathcal{D}$ et $\vec{T}$ un élément de $\Lambda(\mathcal{D}, E)$, l'application $\begin{matrix}\mathcal{D} \longrightarrow \mathcal{D} \\ \varphi \quad \check{\alpha} * \varphi\end{matrix}$ est linéaire et bornée $[\check{\alpha}(x) = \alpha(-x)]$; sa composée avec $\vec{T}$ est une distribution notée $\vec{T} * \alpha$.

Par définition $(\vec{T} * \alpha)(\varphi) = \vec{T}(\check{\alpha} * \varphi)$ quel que soit $\varphi \in \mathcal{D}$.

L'application $\begin{matrix}\Lambda(\mathcal{D}, E) \times \mathcal{D} \longrightarrow \Lambda(\mathcal{D}, E) \\ (\vec{T}, \alpha) \qquad\qquad \vec{T} * \alpha\end{matrix}$ est bilinéaire et bornée.

Remarque : $D^p(\vec{T} * \alpha) = (D^p \vec{T}) * \alpha = \vec{T} * (D^p \alpha)$.

2. Convolution d'une distribution vectorielle et d'un opérateur de convolution

$\mathcal{H}$ et $\mathcal{K}$ vérifiant toujours les mêmes hypothèses, une distribution scalaire S est dite opérateur de convolution s'il existe une application $\{S\}$ de $\mathcal{H}$ dans $\mathcal{L}$, linéaire et bornée dont la restriction à $\mathcal{D}$ est la convolution ordinaire avec S . Nous en déduisons

$$^t\{S\} : \mathcal{L}^\times \longrightarrow \mathcal{H}^\times$$

et

$$\begin{matrix}\Lambda(\mathcal{H}^\times, E) \longrightarrow \Lambda(\mathcal{L}^\times, E) \\ \vec{T} \qquad\qquad \vec{T} \circ {}^t\{S\}\end{matrix} .$$

Par définition, le produit convolutif de $\vec{T}$ et S est $\vec{T} * S = \vec{T} \circ {}^t\{S\}$.

Si $\mathcal{H}$, $\mathcal{K}$ et $\mathcal{L}$ désignent trois ebc intermédiaires, $\mathcal{L}$ étant topologique, on a une proposition analogue à celle du produit multiplicatif.

<u>Proposition.</u> <u>Si</u> ψ <u>est une application bilinéaire de</u> $\mathcal{H} \times \mathcal{K}$ <u>dans</u> $\mathcal{L}(\lambda, \tau)$ <u>hypobornée,</u> (τ <u>étant un recouvrement de</u> $\mathcal{K}$) <u>dont la restriction à</u> $\mathcal{D} \times \mathcal{K}$ <u>est la convolution ordinaire alors il existe un produit convolutif, c'est-à-dire une application bilinéaire</u> $\Lambda(\mathcal{H}^{\times}, E) \times \mathcal{K} \longrightarrow \Lambda(\mathcal{L}^{\times}, E)$, <u>qui est de plus</u> (λ', τ) <u>hypobornée</u> <u>(pour une famille</u> λ' <u>bien choisie).</u>

<u>Exemple 1</u> : Si $\mathcal{H} = \mathcal{L} = \mathcal{D}^{\times}$ et $\mathcal{K} = \mathcal{E}^{\times}$, le produit de convolution

$$\begin{array}{ccc} \mathcal{D}^{\times} \times \mathcal{E}^{\times} & \longrightarrow & \mathcal{D}^{\times} \\ (T, S) & & T * S \end{array}$$

est une application bilinéaire et bornée d'où le produit convolutif

$$\begin{array}{ccc} \Lambda(\mathcal{D}, E) \times \mathcal{E}^{\times} & \longrightarrow & \Lambda(\mathcal{D}, E) \\ (\vec{T}, S) & & \vec{T} * S \end{array}$$

<u>Exemple 2</u> : La distribution de Dirac δ est un opérateur de convolution, en effet

$$\{\delta\} : \begin{array}{ccc} \mathcal{D}^{\times} & \longrightarrow & \mathcal{D}^{\times} \\ S & & S * \delta = S \end{array}$$

est l'application identique d'où sa transposée est l'application identique de $\mathcal{D}$ dans $\mathcal{D}$ et quel que soit $\vec{T} \in \Lambda(\mathcal{D}, E)$,

$$\vec{T} * \delta = \vec{T}.$$

<u>Exemple 3</u> : <u>Dérivation et convolution</u>

$D^p \delta$ est un opérateur de convolution, en effet

$$\{D^p \delta\} : \begin{array}{ccc} \mathcal{D}^{\times} & \longrightarrow & \mathcal{D}^{\times} \\ S & & S * (D^p \delta) = (D^p S) * \delta = D^p S \end{array}$$

est une application linéaire

et bornée, sa transposée est l'application : $\underset{\varphi}{\mathcal{D}} \longrightarrow \underset{(-1)^{|p|} D^p \varphi}{\mathcal{D}}$

Donc quel que soit $\vec{T} \in \Lambda(\mathcal{D}, E)$ $\quad \vec{T} * D^p \delta = D^p \vec{T}$

Exemple 4 :

Si p et q vérifient $1 < p$, $q < +\infty$ et $\frac{1}{p} + \frac{1}{q}$ $1 \geq 0$, on peut donner un sens au produit de convolution de $S \in \mathcal{D}'_{L^p}$ et $T \in \mathcal{D}'_{L^q}$ alors $S * T \in \mathcal{D}'_{L^r}$ si $\frac{1}{r} = \frac{1}{p} + \frac{1}{q}$; l'application bilinéaire $(S, T) \to (S * T)$ de $\mathcal{D}'_{L^p} \times \mathcal{D}'_{L^q}$ dans $\mathcal{D}'_{L^r}$ est continue d'où bornée (cf. [69] p. 203). Nous pouvons alors définir le produit convolutif : $\Lambda(\mathcal{D}_{L^{p'}}, E) \times \mathcal{D}'_{L^q} \longrightarrow \Lambda(\mathcal{D}_{L^{r'}}, E)$.

Exemple 5 :

Si $\mathcal{H} = \mathcal{K} = \mathcal{L} = \mathcal{D}'_+$, espace des distributions d'une variable à support limité à gauche, alors $\underset{(S, T)}{\mathcal{D}'_+ \times \mathcal{D}'_+} \longrightarrow \underset{S * T}{\mathcal{D}'_+}$ est une application bilinéaire et bornée, d'où le produit de convolution : $\Lambda(\mathcal{D}_-, E) \times \mathcal{D}'_+ \longrightarrow \Lambda(\mathcal{D}_-, E)$

$\mathcal{D}_-$ espace des fonctions indéfiniment dérivables à support limité à droite.

Exemple 6 :

Si $S \in \mathcal{S}'$ et $T \in \mathcal{O}'_c$ espace des distributions à décroissance rapide, on peut définir d'une manière unique le produit de convolution $S * T \in \mathcal{S}'$; l'application bilinéaire $\underset{(T, S)}{\mathcal{S}' \times \mathcal{O}'_c} \longrightarrow \underset{T * S}{\mathcal{S}'}$ est hypocontinue (cf. [69] p. 247). On en déduit que l'application $\underset{(T, S)}{\overset{\times}{\mathcal{S}} \times B\, \mathcal{O}'_c} \longrightarrow \underset{T * S}{\overset{\times}{\mathcal{S}}}$ est bornée car $B\, \mathcal{S}'_\beta = \overset{\times}{\mathcal{S}}$. Il en résulte un produit de convolution

$$\underset{(\vec{T}, S)}{\Lambda(\mathcal{S}, E) \times \mathcal{O}'_c} \longrightarrow \underset{\vec{T} * S}{\Lambda(\mathcal{S}, E)}$$

G/ - Transformation de Fourier

1. Définition. La transformation de Fourier $\mathcal{S} \xrightarrow{\mathcal{F}} \mathcal{S}$
$u \qquad v$

$$v(y) = \int_{\mathbb{R}^n} u(x) \exp(-2i\pi\, x.\, y)\, dx$$

et sa conjuguée $\overline{\mathcal{F}}$ établissent deux automorphismes réciproques sur l'espace topologique $\mathcal{S}$, ce sont donc deux automorphismes réciproques sur l'espace bornologique $\mathcal{S}$.

Nous définissons alors l'application linéaire bornée, notée toujours $\mathcal{F}$

$$\begin{array}{ccc} \Lambda(\mathcal{S}, E) & \longrightarrow & \Lambda(\mathcal{S}, E) \\ \vec{T} & & \mathcal{F}\vec{T} \end{array}$$

avec $\underline{(\mathcal{F}\vec{T})(\varphi) = \vec{T}(\mathcal{F}\varphi)}$ quel que soit φ dans $\mathcal{S}$.

2. Propriété. On sait que les transformations $\mathcal{F}$ et $\overline{\mathcal{F}}$ établissent deux isomorphismes réciproques entre $\mathcal{O}_M$ et $\mathcal{O}'_c$, et échangent le produit de convolution et le produit de multiplication. Nous allons montrer que cette propriété se conserve dans le cas vectoriel.

Soient $\vec{T} \in \Lambda(\mathcal{S}, E)$ et $u \in \mathcal{O}_M$, les distributions vectorielle $\vec{T}u$, $\mathcal{F}(\vec{T}u)$, $\mathcal{F}\vec{T} * \mathcal{F}u$ sont définies et appartiennent à $\Lambda(\mathcal{S}, E)$ nous allons montrer

$$\mathcal{F}(\vec{T}u) = \mathcal{F}\vec{T} * \mathcal{F}u \ .$$

Revenons aux définitions des produits multiplicatif et convolutif :

Si u est une fonction de $\mathcal{O}_M$, elle définit un opérateur $[u]$:

$$\begin{array}{ccc} \mathcal{S}^{\times} & \longrightarrow & \mathcal{S}^{\times} \\ S & & Su \end{array}$$

dont la transposée est ${}^t[u] : \mathcal{S} \longrightarrow \mathcal{S}$. Donc si $\vec{T} \in \Lambda(\mathcal{S}, E)$, $\vec{T}u$ est
$\qquad\qquad\qquad\qquad\qquad \alpha \quad u\alpha$
ainsi défini $(\vec{T}u)(\alpha) = \vec{T}(u\,\alpha)$ quel que soit α dans $\mathcal{S}$.

Si V est une distribution de $\mathcal{O}'_c$ elle définit un opérateur

$$\{V\} : \overset{\times}{\mathcal{S}} \longrightarrow \overset{\times}{\mathcal{S}} \quad ; \qquad S \mapsto S*V$$

par transposition ${}^t\{V\} : \mathcal{S} \longrightarrow \mathcal{S}$. Montrons que quel que soit φ de $\mathcal{D}$, ${}^t\{V\}(\varphi) = \check{V}*\varphi$. En effet, par définition si $S \in \overset{\times}{\mathcal{S}}$

$$\langle \varphi, \{V\}(S) \rangle = (S*V) \,.\, \varphi = S_\xi \,.\, [V_\eta \,.\, \varphi(\xi+\eta)] \quad ,$$

or

$$V_\eta \,.\, \varphi(\xi+\eta) = (\check{V}*\varphi)(\xi) \quad , \quad \text{et} \quad \check{V}*\varphi \in \mathcal{S} \;.$$

On obtient ainsi

$$\langle \varphi, \{V\}(S) \rangle = \langle \check{V}*\varphi \,,\, S \rangle \,.$$

L'unitité de la transposée implique ${}^t\{V\}(\varphi) = \check{V}*\varphi$. Alors, si $\vec{T} \in \Lambda(\mathcal{S}, E)$ et $\varphi \in \mathcal{D}$

$$(\vec{T} * V)(\varphi) = \vec{T}\,(\check{V}*\varphi) \,.$$

<u>Démonstration de l'égalité</u> $\mathcal{F}(\vec{T}u) = (\mathcal{F}\vec{T}) * \mathcal{F}u$.

Soit tout d'abord $\varphi \in \mathcal{D}$

$$\mathcal{F}(\vec{T}u) . \varphi = (\vec{T}u) \,.\, \mathcal{F}\varphi = \vec{T} \,.\, (u\,\mathcal{F}\varphi)$$

$$[(\mathcal{F}\vec{T})*\mathcal{F}u] . \varphi = \mathcal{F}\vec{T} \,.\, (\widecheck{\mathcal{F}u}*\varphi) = \mathcal{F}\vec{T} \,.\, (\overline{\mathcal{F}}u*\varphi)$$

$$= \vec{T} \,.\, [\mathcal{F}(\overline{\mathcal{F}}u*\varphi)] = \vec{T} \,.\, (u\,\mathcal{F}\varphi) \quad .$$

L'égalité des deux distributions vectorielles ayant lieu quel que soit φ dans $\mathcal{D}$ et $\mathcal{D}$ étant dense (au sens de Mackey) dans $\mathcal{S}$, les deux distributions sont donc égales.

Soient $\vec{T} \in \Lambda(\mathcal{S}, E)$ et $V \in \mathcal{O}'_c$, les distributions vectorielles $\mathcal{F}\vec{T}$, $\vec{T} * V$, $(\mathcal{F}\vec{T}).(\mathcal{F}V)$ appartiennent à $\Lambda(\mathcal{S}, E)$ et

$$\underline{\mathcal{F}(\vec{T} * V) = (\mathcal{F}\vec{T}) . (\mathcal{F}V)} .$$

En effet, si $\alpha \in \mathcal{S}$; $(\mathcal{F}\vec{T}).(\mathcal{F}V)(\alpha) = \mathcal{F}\vec{T}[(\mathcal{F}V).\alpha] = \vec{T}.[\mathcal{F}(\overline{\mathcal{F}}(\check{V}).\alpha)]$,

donc $$(\mathcal{F}\vec{T}) . (\mathcal{F}V)(\alpha) = \vec{T}(\check{V} * \mathcal{F}\alpha) .$$

D'autre part, si $\varphi \in \overline{\mathcal{F}}(\mathcal{D})$,

$$\mathcal{F}(\vec{T} * V)(\varphi) = (\vec{T} * V)(\mathcal{F}\varphi) \qquad \mathcal{F}\varphi \in \mathcal{D} ,$$

donc $$\mathcal{F}(\vec{T} * V)(\varphi) = \vec{T}(\check{V} * \mathcal{F}\varphi)$$ d'après un raisonnement précédent.

Les distributions $\mathcal{F}(\vec{T} * V)$ et $(\mathcal{F}\vec{T}).(\mathcal{F}V)$ sont donc égales sur le sous-espace $\overline{\mathcal{F}}(\mathcal{D})$ dense au sens de Mackey dans $\mathcal{S}$, elles sont alors égales sur $\mathcal{S}$ tout entier.

H/ - Produit tensoriel d'une distribution scalaire et d'une distribution vectorielle

1. Position du problème. Etant données une distribution scalaire $S_x : \mathcal{D}_x(\mathbb{R}^n) \to \mathbb{R}$ et une distribution vectorielle $\vec{T}_y : \mathcal{D}_y(\mathbb{R}^m) \to E$, on cherche à définir une distribution vectorielle $\vec{W} : \mathcal{D}_{x,y}(\mathbb{R}^{n+m}) \to E$ vérifiant la propriété suivante :

Pour tout $u \in \mathcal{D}_x$ et pour tout $v \in \mathcal{D}_y$, $\vec{W}(u \otimes v) = S(u)\,\vec{T}(v)$ (1) .

Ce problème admet une solution. Nous montrerons d'abord l'unicité puis l'existence de cette solution.

2. Unicité. Dans la démonstration du théorème III, p. 108 [69], L. Schwartz démontre en fait que le sous-espace de $\mathcal{D}_{x,y}$ engendré par $u \otimes v$, $u \in \mathcal{D}_x$ et $v \in \mathcal{D}_y$, est séquentiellement dense dans $\mathcal{D}_{x,y}$. Comme $\mathcal{D}_{x,y}$ est le dual fort de $\mathcal{D}'_{xy}$ espace de Schwartz quasi-tonnelé, $\mathcal{D}_{xy}$ vérifie la condition de convergence de Mackey. Donc le sous-espace ci-dessus est dense au sens de Mackey dans $\mathcal{D}_{xy}$, d'où l'unicité.

3. Existence. Si $\varphi(x,y) \in \mathcal{D}_{x,y}$ pour y fixé c'est une fonction de x appartenant à $\mathcal{D}_x$ et $I(y) = S_x[\varphi(x,y)]$ appartient à $\mathcal{D}_y$ (cf. L. Schwartz [1] p. 109). On considère alors la correspondance

$$\begin{array}{ccc} \mathcal{D}_{x,y} & \longrightarrow & E \\ \varphi & & \vec{T}_y[I(y)] = \vec{W}(\varphi) \end{array}$$

C'est une application linéaire, montrons qu'elle est bornée.

Soit $B_{x,y}$ un borné de $\mathcal{D}_{x,y}$, il nous faut montrer que

$$\{\vec{T}_y[S_x(\varphi(x,y))] \ ; \ \varphi \in B_{x,y}\}$$

est un borné de E.

Or $B_{x,y} \subset \mathcal{D}_{K_o \times K_1}$, K_o compact de $\mathbb{R}^n$ et K_1 compact de $\mathbb{R}^m$

$$\{x \to D_y^q \varphi(x,y) \mid \varphi \in B_{x,y} \quad \text{et} \quad y \in K_1\}$$

est inclus dans un disque borné $B_{x,(q)}$ de $\mathcal{D}_{K_o}$. Alors

$$D_y^q[S_x(\varphi(x,y))] = (-1)^{|q|} S_x[D_y^q \varphi(x,y)] \in S_x(B_{x,(q)})$$

$S_x(B_{x,(q)})$ étant un borné de $\mathbb{R}$, on obtient ainsi des constantes $M_{(q)}$ telles que pour tout q

$$|D_y^q [S_x(\varphi(x,y))]| \leq M_{(q)} ,$$

c'est-à-dire $$|D_y^q I(y)| \leq M_{(q)} .$$

Donc $I(y)$ parcourt un borné de $\mathcal{D}_{K_1}$ et $\vec{T}_y[I(y)]$ un borné de E.

La distribution vectorielle $\vec{W}$ ainsi construite vérifie de manière évidente la relation (1). Nous noterons désormais $\vec{W} = \vec{T}_y \otimes S_x$. De la même façon que nous avons montré que $\vec{W}$ était bornée, nous montrerions que l'ensemble des $T_y \otimes S_x$ est borné dans $\Lambda(\mathcal{D}_{x,y}, E)$ si $\vec{T}_y$ parcourt un borné de $\Lambda(\mathcal{D}_y, E)$ et S_x un borné de $\overset{\times}{\mathcal{D}}_x$. On peut alors énoncer la proposition :

<u>Proposition.</u> <u>L'application</u> $\overset{\times}{\mathcal{D}}_x \times \Lambda(\mathcal{D}_y, E) \longrightarrow \Lambda(\mathcal{D}_{x,y}, E)$
$(S_x, \vec{T}_y) \qquad\qquad \vec{T} \otimes S_x$
<u>est bilinéaire et bornée.</u>

<u>Remarque</u> : on peut aussi définir un produit tensoriel de $S_x \in \overset{\times}{\mathcal{E}}_x$ et $\vec{T}_y \in \Lambda(\mathcal{E}_y, E)$ alors $\vec{T}_y \otimes S_x$ appartient à $\Lambda(\mathcal{E}_{xy}, E)$.

4. <u>Propriétés</u>

(1) $\underline{D_x^p D_y^q (\vec{T}_y \otimes S_x) = D_y^q \vec{T}_y \otimes D_x^p S_x}$

(2) Si $\alpha(x) \in \mathcal{E}_x$, $\beta(y) \in \mathcal{E}_y$, $S_y \in \mathcal{D}_y$, $\vec{T}_x \in \Lambda(\mathcal{D}_x, E)$

$$\underline{[\alpha(x) \otimes \beta(y)] . (\vec{T}_x \otimes S_y) = [\alpha(x)\, \vec{T}_x] \otimes [\beta(y)\, S_y] .}$$

(3) Si $\varphi \in \mathcal{D}$, $S \in \mathcal{E}^{\times}$ et $\vec{T} \in \Lambda(\mathcal{D}, E)$

$$(\vec{T} * S)(\varphi) = (\vec{T}_{\xi} \otimes S_{\eta}) \cdot \varphi(\xi+\eta) .$$

I/ - Distributions vectorielles d'ordre fini et distributions vectorielles localement d'ordre fini

Définition 1. On appelle distribution vectorielle d'ordre fini inférieur ou égal à m tout élément de $\Lambda(\mathcal{D}^m, E)$.

$\mathcal{D}^m$ est un ebc complet limite inductive bornologique des espaces de Banach $\mathcal{D}^m_K$, K étant un compact de $\mathbb{R}^n$. $\mathcal{D}$ muni de la bornologie induite par $\mathcal{D}^m$ est égal à la limite inductive bornologique des espaces $\mathcal{D}_K$ munis de la norme induite par $\mathcal{D}^m_K$. $\mathcal{D}$ est un espace aux normes faiblement concordantes donc si $\tilde{\mathcal{D}}$ est le complété bornologique de $\mathcal{D}$ pour la bornologie induite par $\mathcal{D}^m$, $\tilde{\mathcal{D}} = \varinjlim \overline{\mathcal{D}}_K$, adhérence de $\mathcal{D}_K$ dans $\mathcal{D}^m_K$. Montrons que $\tilde{\mathcal{D}} = \mathcal{D}^m$ algébriquement et bornologiquement.

En effet, soit i l'injection canonique de $\mathcal{D}$ dans $\mathcal{D}^m$ qui est bornée par définition de la bornologie induite, il existe alors $\tilde{i}$ application bornée de $\tilde{\mathcal{D}}$ dans $\mathcal{D}^m$ (ebc complet) prolongeant i. De plus i vérifiant la condition de Robertson i est injective.

D'autre part, pour tout espace $\mathcal{D}^m_K$ il existe un borné H contenant K tel que quel que soit $\varphi \in \mathcal{D}^m_K$ il existe une suite (ψ_n) de $\mathcal{D}_H$ qui converge vers φ dans $\mathcal{D}^m_H$ (cf. [69] p. 24) Donc ψ_n converge vers φ dans $\overline{\mathcal{D}}_H$ et $\varphi \in \tilde{\mathcal{D}}$. Nous obtenons ainsi l'égalité algébrique $\tilde{\mathcal{D}} = \mathcal{D}^m$. L'application $\tilde{i}$ étant bornée, tout borné de $\tilde{\mathcal{D}}$ est un borné de $\mathcal{D}^m$.

Réciproquement si B est un borné de $\mathcal{D}^m$ il existe K un borné de $\mathbb{R}^n$ tel que B soit un borné de $\mathcal{D}_K^m$. D'après un résultat analogue au précédent on peut trouver H un borné de $\mathbb{R}^n$ tel que $B \subset \bar{\mathcal{D}}_H$ adhérence de $\mathcal{D}_H$ dans $\mathcal{D}_H^m$, B est alors un borné de $\bar{\mathcal{D}}_H$ donc de $\mathcal{D}$.

Proposition 1.

Soit E un e b c complet et $\vec{T} \in \Lambda(\mathcal{D}, E)$, alors les deux assertions suivantes sont équivalentes :

(i) $\vec{T}$ est une distribution d'ordre fini $\leq m$.

(ii) $\vec{T}$ est borné sur $\mathcal{D}$ muni de la bornologie induite par $\mathcal{D}^m$.

Définition 2. Une distribution vectorielle $\vec{T}$ est dite localement d'ordre fini si pour tout ouvert borné Ω de $\mathbb{R}^n$, $\vec{T}$ est une distribution d'ordre fini de $\mathcal{D}_\Omega$ dans E.

Si $E = \mathbb{R}$ toute distribution est localement d'ordre fini.

Si E est un espace bornologique quelconque ce n'est plus vrai ; en effet, soit $E = \mathcal{D}$ et $T = 1_{\mathcal{D}}$, l'application identique de $\mathcal{D}$ ne peut pas être localement d'ordre fini car pour tout ouvert Ω de $\mathbb{R}^n$ et pour tout entier m l'injection $\mathcal{D}_\Omega \to \mathcal{D}$, $\mathcal{D}_\Omega$ étant muni de la bornologie induite par $\mathcal{D}_\Omega^m$ n'est pas bornée.

Nous sommes alors amenés à introduire une classe d'applications bornées qui nous permettra de caractériser les distributions vectorielles localement d'ordre fini.

Applications linéaires fortement bornées

E et F étant deux evb une application linéaire u de E dans F sera dite fortement bornée s'il existe un disque bornivore P de E telle que u(P) soit borné dans F .

Une application linéaire fortement bornée est bornée. La réciproque est en général fausse : l'application identique de $\mathbb{R}^{\mathbb{N}}$ est bornée mais n'est pas fortement bornée. Plus généralement, l'application identique d'un elc métrisable non normable n'est pas fortement bornée (th. de Kolmogoroff).

Une partie H de $\Lambda(E,F)$ est dite fortement bornée s'il existe un disque bornivore P de E tel que H(P) soit bornée dans F .

Si σ est un ensemble de parties bornées de F on définit naturellement les applications σ-fortement bornées.

Une distribution vectorielle $T \in \Lambda(\mathcal{D}, E)$ sera dite localement fortement bornée si ses restrictions aux $\mathcal{D}_\Omega$ (Ω ouvert borné de $\mathbb{R}^n$) sont des applications fortement bornées.

Proposition 2.

Soit E un ebc complet, σ une base de bornologie de E . Si H désigne une partie de $\Lambda(\mathcal{D}, E)$, les assertions suivantes sont équivalentes :

(i) H est localement σ-fortement bornée

(ii) Pour tout ouvert borné Ω de $\mathbb{R}^n$ il existe un entier m tel que H soit une famille σ-fortement bornée d'applications linéaires de $\mathcal{D}_\Omega^m$ dans E .

(ii) ⇒ (i)

Soit Ω un ouvert borné de $\mathbb{R}^n$, il existe un entier m, des applications de $\mathcal{D}_\Omega^m$ dans E prolongeant les applications de H, un disque bornivore P_Ω^m de $\mathcal{D}_\Omega^m$ tel que $H(P_\Omega^m) \subset B$, $B \in \sigma$. Si $P_\Omega = P_\Omega^m \cap \mathcal{D}_\Omega$ c'est un disque bornivore de $\mathcal{D}_\Omega$ muni de la bornologie induite par $\mathcal{D}_\Omega^m$, bornologie moins fine que la bornologie naturelle de $\mathcal{D}_\Omega$. Donc P_Ω est un disque bornivore de $\mathcal{D}_\Omega$ tel que $H(P_\Omega) \in \sigma$. On obtient ainsi la propriété, en fait il aurait suffit de supposer que σ était une famille héréditaire de bornés de E.

(i) ⇒ (ii)

Soit Ω un ouvert borné de $\mathbb{R}^n$ il existe Ω' ouvert borné de $\mathbb{R}^n$ tel que $\bar{\Omega} \subset \Omega'$, il existe donc P' disque bornivore de $\mathcal{D}_{\Omega'}$ tel que $H(P') \subset B$, $B \in \sigma$. $P' \cap \mathcal{D}_{\bar{\Omega}}$ est alors un disque bornivore de $\mathcal{D}_{\bar{\Omega}}$ donc un voisinage de 0, on peut trouver un entier $m \geq 0$ et un réel $\varepsilon > 0$ tel que $V(m, \varepsilon, \bar{\Omega}) \subset P' \cap \mathcal{D}_{\bar{\Omega}}$. Alors $V(m, \varepsilon, \Omega) \subset P' \cap \mathcal{D}_\Omega = P$, P est un disque bornivore de $\mathcal{D}_\Omega$ muni de la bornologie induite par $\mathcal{D}_\Omega^m$ et $H(P) \subset B$. Or $\tilde{\mathcal{D}}_\Omega$ le complété bornologique de $\mathcal{D}_\Omega$ pour la bornologie de $\mathcal{D}_\Omega^m$ est égal à $\mathcal{D}_\Omega^m$. Donc si $u \in H$ nous avons le diagramme :

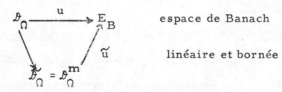

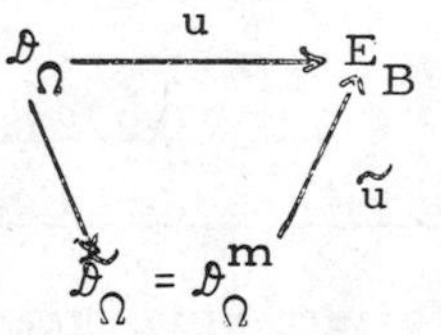

espace de Banach

linéaire et bornée

P étant un disque bornivore de $\mathcal{D}_\Omega$ pour la bornologie induite par $\mathcal{D}_\Omega^m$, $\bar{P}$ la b-fermeture de P dans $\tilde{\mathcal{D}}_\Omega$ est une partie bornivore de $\tilde{\mathcal{D}}_\Omega = \mathcal{D}_\Omega^m$ car $\mathcal{D}_\Omega$ est un espace aux normes faiblement concordantes.

B étant une partie fermée de E_B , $\tilde{u}^{-1}(B)$ est une partie b-fermée de $\mathcal{D}^m_\Omega$, de plus $\tilde{u}^{-1}(B) \supset u^{-1}(B) \supset P$ donc $\tilde{u}^{-1}(B) \supset \bar{P}$. Ce qui s'écrit aussi $\tilde{u}(\bar{P}) \subset B$. Si on confond $\tilde{u}$ et u on vient de démontrer qu'il existe une partie bornivore $\bar{P}$ de $\mathcal{D}^m_\Omega$ telle que $H(\bar{P}) \subset B$, $B \in \sigma$. ($\mathcal{D}^m_\Omega$ étant un e b c une partie bornivore suffit à la place d'un disque bornivore).

COROLLAIRE. Soit E un e b c complet, les assertions suivantes sont équivalentes :

(i) $\vec{T}$ est une distribution vectorielle localement d'ordre fini.

(ii) $\vec{T}$ est une distribution vectorielle localement fortement bornée.

(i) $\Rightarrow$ (ii)

Soit $\vec{T}$ une distribution localement d'ordre fini, si Ω est un ouvert borné de $\mathbb{R}^n$ associons-lui Ω' un autre ouvert borné de $\mathbb{R}^n$ tel que $\Omega \subset \bar{\Omega} \subset \Omega'$. Il existe donc un entier m tel que

$$\mathcal{D}^m_{\Omega'} \xrightarrow{\vec{T}} E$$ soit linéaire et bornée, il s'ensuit que

$$\mathcal{D}^m_{\bar{\Omega}} \xrightarrow{\vec{T}} E$$ est linéaire et bornée, l'espace

$\mathcal{D}^m_{\bar{\Omega}}$ étant un espace normé, sa boule unité est une partie bornivore et bornée donc $\vec{T}$ est une application fortement bornée de $\mathcal{D}^m_{\bar{\Omega}}$ dans E et à fortiori de $\mathcal{D}_\Omega$ dans E (C. Q. F. D.).

La condition " E complet " n'est pas ici nécessaire.

(ii) $\Rightarrow$ (i)

Si $\vec{T}$ est une distribution localement fortement bornée en utilisant la proposition nous pouvons trouver un entier m tel que $\vec{T} : \mathcal{D}^m_\Omega \to E$ soit fortement bornée donc bornée et $\vec{T}$ est d'ordre $\leq m$ dans $\mathcal{D}_\Omega$.

J/ - Relation avec les distributions de Mikusinski

Proposition. Toute distribution d'ordre fini de Mikusinski est une distribution fonctionnelle d'ordre fini et les notions de dérivées coïncident.

Démonstration. Soit un e b c complet $E = \varinjlim (E_i , \pi_{ij})$, E_i espace de Banach, à tout élément F de $\mathcal{C}_i$, associons l'application de $\mathcal{D}$ dans E_i ainsi définie

$$\vec{T}_F(\varphi) = \int_{-\infty}^{+\infty} \varphi(x)\, F(x)\, dx .$$

$\vec{T}_F$ est linéaire et bornée donc F définit une distribution $\vec{T}_F \in \Lambda(\mathcal{D}, E)$.

Soit maintenant une distribution x au sens de Mikusinski, il existe un indice i, des fonctions (f_n), (F_n) et F de $\mathcal{C}_i$ telles que $c_q(f_n) \xrightarrow{M} x$ dans Δ, $F_n^{(q)} = f_n$ et $F_n \to F$ dans $\mathcal{C}_i$ muni de la convergence compacte.

Soit T_x définie par $T_x(\varphi) = \int_{-\infty}^{+\infty} (-1)^q \varphi^{(q)}(x)\, F(x)\, dx$ quel que soit $\varphi \in \mathcal{D}$, c'est une application linéaire et bornée de $\mathcal{D}$ dans E_i qui ne dépend que de x et non de la suite (f_n). En effet, si x est limite d'une suite (g_n) telle que $G_n^{(q)} = g_n$ et G_n converge vers G dans $\mathcal{C}_i$ alors $F = G + p$, p polynôme à coefficients dans E_i, de degré strictement inférieur à q

$$\int_{-\infty}^{+\infty} (-1)^q \varphi^{(q)}(x) F(x)\, dx = \int_{-\infty}^{+\infty} (-1)^q \varphi^{(q)}(x)\, G(x)\, dx$$
$$+ \int_{-\infty}^{+\infty} (-1)^q \varphi^{(q)}(x)\, p(x)\, dx ,$$

la dernière intégrale est nulle en la calculant par exemple à l'aide d'intégrations par parties et de $p^{(q)}(x) = 0$. Si l'entier q' associé à (g_n) est distinct de q un raisonnement analogue amène à la conclusion.

$\vec{T}_x$ ainsi construit est une application bornée de $\mathcal{D}$, muni de la bornologie induite par $\mathcal{D}^q$; dans E_i donc à fortiori dans E. D'après la proposition 1, $\vec{T}_x$ est une distribution d'ordre inférieur ou égal à q.

Si $x \in \Delta$ soit x' sa dérivée, il existe un entier q et une suite (f_n) de fonctions continuement dérivables telles que $c_q(f_n)$ converge vers x, $c_{q+1}(f'_n)$ converge vers x', $F_n^{(q)} = f_n$, $F_n^{(q+1)} = f'_n$ et $F_n \to F$ dans $\mathcal{C}_i$.

Si $\varphi \in \mathcal{D}$, $\quad \vec{T}_x(\varphi) = \int_{-\infty}^{+\infty} (-1)^q \varphi^{(q)}(x)\, F(x)\, dx$,

$$\vec{T}_{x'}(\varphi) = \int_{-\infty}^{+\infty} (-1)^{q+1} \varphi^{(q+1)}(x)\, F(x)\, dx = -\vec{T}_x(\varphi') = (\vec{T}_x)'(\varphi) ,$$

donc $\quad \vec{T}_{x'} = (\vec{T}_x)'$

Remarque. Une distribution d'ordre fini de $\Lambda(\mathcal{D}, E)$ (E étant un e b c complet) ne provient pas nécessairement d'une distribution de Mikusinski.

En effet, s'il en était ainsi toute distribution d'ordre fini serait à valeurs dans un espace de Banach E_i. Soit I l'application identique de

$\mathcal{D}^m$, sa restriction à $\mathcal{D}$ est une distribution d'ordre $\leq m$, $I(\mathcal{D}) = \mathcal{D}$ ne peut pas être inclus dans un espace de Banach car $\mathcal{D}$ étant dense dans $\mathcal{D}^m$ cela entraînerait que $\mathcal{D}^m$ est un espace de Banach.

CHAPITRE XIII

APPLICATIONS DIFFERENTIABLES ENTRE ESPACES BORNOLOGIQUES

XIII. 1. - INTRODUCTION

La théorie du Calcul différentiel au sens de Fréchet dans les espaces normés donne satisfaction dans de nombreux et importants domaines desmathématiques actuelles. Mais cette théorie s'avère insuffisante pour la solution de certains importants problèmes et depuis quelques années on sent de plus en plus le besoin de développer une théorie du calcul différentiel dans un cadre plus général. De très nombreuses tentatives ont montré que les structures topologiques sont inadaptées à ce problème : de sérieuses difficultés apparaissent dans l'étude des dérivées d'ordre supérieur, si l'on exige que toute fonction différentiable en un point soit continue en ce point pour la topologie donnée. On sait qu'il n'existe sur $\mathcal{L}(E,F)$ espace des applications linéaires continues de E dans F où E et F sont des espaces vectoriels topologiques non normables, aucune topologie vectorielle pour laquelle l'application bilinéaire canonique :

$$(1) \qquad E \times \mathcal{L}(E,F) \to F$$

est continue. Il apparaît alors clairement que le problème du Calcul différentiel est dans son essence un problème de structure. Ceci a été remarqué par divers auteurs.

Reprenant une idée exprimée par J.S.E.SILVA [58], un élève de l'auteur, J.F.Colombeau a développé une théorie complète du calcul différentiel dans le cadre des espaces vectoriels bornologiques convexes (ebc), montrant ainsi que dans un certain sens ce cadre pourrait être plus avantageux. Nous rassemblons ici ses principaux résultats sans démonstration. Les propriétés élémentaires de la théorie classique (XIII. 3) se généralisent facilement au cadre des ebc et ont pour la plupart déjà été obtenues par Silva [57], Frölicher et Bucher [8] dans un cadre plus général, puis Averbuck et Smolyanov dans un cadre voisin.

Par contre, les difficultés deviennent plus sérieuses au niveau des fonctions implicites et des équations différentielles. On sait que les théorèmes classiques sont alors faux dans le cas général. Ces questions ont aussi été étudiées par d'autres auteurs (cf. [14], [44], [71], [73]).

Bien entendu, l'intérêt que peut susciter une théorie du calcul différentiel dépend entièrement de ses applications. Parmi les applications obtenues, relevons notamment :

1) - Munir certains ensembles d'une structure de variété non Banachique (Eells [17] [18], Leslie [38], Kijowski [32], Kijowski et Komorowski [33], Colombeau (*)).

2) - A l'aide du théorème des fonctions implicites on peut étudier certaines équations intégrales ou intégro-différentielles (Mc Dermott [14], Colombeau (*)).

3) - Certaines équations aux dérivées partielles peuvent être interprétées comme des équations différentielles dans les espaces bornologiques ; on peut ainsi obtenir le théorème de Cauchy Kovalevska ; le théorème d'Ovcyannikov est un aspect des résultats d'existence et d'unicité ci-dessous.

Dans ce paragraphe, on se place toujours dans le cadre des ebc séparés et polaires. E_1 (resp. E_2) étant deux ebc, on désigne par B_1 (resp. B_2) des disques bornés, par P_1 (resp. P_2) des parties bornivores,

---

(*) non publié.

par U_1 (resp. U_2) des ouverts pour la topologie de la M-fermeture.

$L_n(E_1^n, E_2)$ désigne l'ebc des applications n-linéaires bornées de E_1^n dans E_2 muni de sa bornologie naturelle. Un ebc polaire E est dit strict s'il admet une base de la bornologie (B_i) telle que pour tout i, B_i absorbe la trace sur E_{B_i} de tout borné de E. Sauf mention expresse du contraire, les convergences considérées sont au sens de Mackey.

XIII. 2. - Définitions préliminaires

Une application $f : a + P_1 \to E_2$ est dite <u>localement bornée au point</u> a si pour tout B_1 il existe $\varepsilon > 0$ tel que $f(a + \varepsilon B_1)$ soit un borné de E_2.

L'application $f : a + P_1 \to E_2$ est dite <u>presque lipschitzienne</u> au point a si pour tout B_1 il existe B_2 et $\tau_o > 0$ tel que pour $0 \leq \tau \leq \tau_o$ $f(a + \tau B_1) \subset f(a) + \tau B_2$.

En tout point a une application presque lipschitzienne est M-continue et une application M-continue est localement bornée.

Une application $f : U_1 \to E_2$ est dite M-continue (resp. localement bornée, presque lipschitzienne) dans U_1 si elle l'est en tout point de U_1.

Si f est M-continue dans U_1, elle est continue de U_1 muni de τE_1 dans τE_2.

XIII. 3. - Propriétés élémentaires des applications différentiables

XIII.3.1. Définition d'une fonction différentiable (Silva [58]) :

Une application $r : P_1 \to E_2$ est dite tangente à 0 si pour tout disque borné B_1 il existe un disque borné B_2 tel que $r(\varepsilon B_1)$ soit contenu dans E_{B_2} pour ε assez petit et tel que :

$$\frac{\|r(h)\|_{B_2}}{\|h\|_{B_1}} \to 0 \text{ si } \|h\|_{B_1} \to 0 \text{ ; alors } r(0) = 0.$$

Une application $f : a + P_1 \to E_2$ est dite différentiable au point a s'il existe une application linéaire bornée $f'(a)$ de E_1 dans E_2 telle que l'application $r_a : P_1 \to E_2$ définie par $r_a(h) = f(a+h)-f(a)-f'(a).h$ est tangente à 0.

C'est-à-dire f est différentiable au point a si pour tout B_1, il existe B_2 tel que :

1) $f(a + \varepsilon B_1) \subset f(a) + E_{B_2}$ pour $\varepsilon > 0$ assez petit et

2) La restriction de f à $a + \varepsilon B_1$ à valeurs dans $f(a) + E_{B_2}$ est différentiable au point a de l'espace normé affine $a + E_{B_1}$ dans l'espace normé affine $f(a) + E_{B_2}$.

Il est clair que si f est différentiable au point a, $f'(a)$ et r_a sont uniques.

De plus, si $f : a + P_1 \to E_2$ est différentiable au point a, elle est presque lipschitzienne donc M continue et donc localement bornée au point a.

<u>Définition</u> : Une application $f : U_1 \to E_2$ est dite différentiable dans U_1 si elle est différentiable en tout point de U_1.

Il est clair que si f est différentiable dans U_1, elle est continue de U_1 muni de τE_1 dans τE_2.

XIII. 3. 2. - Problème da la continuité d'une application différentiable entre espaces vectoriels topologiques

Si E_1 et E_2 sont deux eℓc (espaces localement convexes) séparés et si on considère leurs bornologies de Von-Neumann (ce sont des bornologies polaires), la topologie de la M-fermeture est plus fine que la topologie d'eℓc (de départ) donc si la topologie de E_1 coïncide avec la topologie τE_1 une application différentiable de U_1 dans E_2 est continue de U_1 dans E_2 (c'est en particulier le cas si E_1 est un espace de Fréchet ou un dual fort d'espace de Schwartz métrisable) ; par contre, il existe des applications différentiables de $\mathcal{D}$ dans R qui ne sont pas continues ($\mathcal{D}$ est l'espace des fonctions numériques indéfiniment différentiables et à support compact, muni de la topologie classique de Schwartz.)

XIII. 3. 3. - Définitions : Soit $f : U_1 \to E_2$ une application différentiable dans U_1. On dit que f est continuement différentiable au point a de U_1 (resp. dans U_1) si l'application $f' : U_1 \to L(E_1, E_2)$ est M-continue au point a (resp. dans U_1).

Une application $f : U_1 \to E_2$ est dite deux fois différentiable au point a de U_1 (resp. dans U_1) si elle est différentiable dans U_1 et si l'application $f' : U_1 \to L(E_1, E_2)$ est différentiable au point a (resp. dans U_1).

On définit aussi naturellement les applications n fois différentiables au point a, dans U_1, n fois continuement différentiables au point a, dans U_1, indéfiniment différentiables dans U_1.

PROPOSITION : Si $f : U_1 \to E_2$ est p fois différentiable au point a de U_1, $f^{(p)}(a)$ est p-linéaire symétrique.

XIII. 3. 4. - Théorème de transitivité

Soient $f : a + P_1 \to E_2$ et $g : f(a) + P_2 \to E_3$; si f est différentiable au point a et si g est différentiable au point $f(a)$, il existe une partie bornivore $P_1' \subset P_1$ telle que $g \circ f$ soit définie sur $a + P_1'$, $g \circ f$ est différentiable au point a et $(g \circ f)'(a) = g'(f(a))\, f'(a)$.

Si $f : U_1 \to E_2$ et $g : U_2 \to E_3$ sont p fois différentiables ($p > 1$) (resp. p fois continuement différentiables) dans U_1 et U_2 ; si $f(a) \in U_2$ alors $g o f$ est définie dans un voisinage ouvert U_1' de a pour τE_1 et $g o f$ est p fois différentiable (resp. p fois continuement différentiable) dans U_1'.

XIII. 3. 5. - Remarque : Si I est un ensemble et si pour tout i, f_i est différentiable au point a_i de E_i, $f = (f_i) : \pi E_i \to \pi F_i$ peut ne pas être différentiable au point (a_i) de πE_i. Néanmoins, si $I = \mathbb{N}$, si les f_n sont différentiables aux points x_n, si (f_n) de $\pi E_n \to \pi F_n$ est localement bornée au point (x_n), alors (f_n) est différentiable en ce point.

XIII. 3. 6. - Théorème des accroissements finis

Soient $]a, b[\subset R$, $f :]a, b[\to E$ et $[\alpha, \beta] \subset]a, b[$. Si f est différentiable dans $]a, b[$, $f(\beta) - f(\alpha) \in (\beta - \alpha) \overline{\Gamma}_{t \in [\alpha, \beta]} \{f'(t)\}$

(on identifie $f'(t)$ à $f'(t).\,1 \in E$).

COROLLAIRE 1 : Soient $f : U_1 \to E_2$ différentiable dans U_1 et a, h tels que le segment $[a, a+h]$ soit contenu dans U_1 ; on a alors

$$f(a + h) - f(a) \in \overline{\Gamma}_{0 \leq t \leq 1} \{f'(a+th).h\} \quad \text{et}$$

$$f(a + h) - f(a) - f'(a).h \in \overline{\Gamma}_{0 \leq t \leq 1} \{(f'(a+th) - f'(a)).h\}$$

COROLLAIRE 2 : Soit $f : U_1 \to E_2$ différentiable dans U_1 et telle que $f'(a) = 0$ pour tout point a de U_1. Si U_1 est connexe, f est constante dans U_1.

Première formule de Taylor : Soit $f : U_1 \to E_2$ n fois différentiable au point a de U_1 ; si : $r_a^{(n)}(h) = f(a+h) - f(a) - f'(a).h - \dots - \frac{1}{n!} f^{(n)}(a).h^{(n)}$

pour tout B_1 il existe B_2 tel que :

$$\frac{\|r_a^{(n)}(h)\|_{B_2}}{\|h\|^n_{B_1}} \to 0 \quad \text{si} \quad \|h\|_{B_1} \to 0.$$

Deux autres formules de Taylor : $f : U_1 \to E_2$ est n fois différentiable dans U_1 ; soient a et h tels que le segment $[a, a+h]$ soit contenu dans U_1. Alors :

$$f(a+h) - f(a) - f'(a).h - \dots - \frac{1}{(n-1)!} f^{(n-1)}(a).h^{(n-1)} \in \frac{1}{n!} \overline{\Gamma}_{0 \leqslant t \leqslant 1} \{f^{(n)}(a+th)h^n\}$$

et : $f(a+h) - f(a) - f'(a).h - \dots - \frac{1}{n!} f^{(n)}(a).h^{(n)}$

$$\in \frac{1}{n!} \overline{\Gamma}_{0 \leqslant t \leqslant 1} \{(f^{(n)}(a+th) - f^{(n)}(a))\,(h)^{(n)}\}$$

XIII. 3. 7. - Théorème : Une application $f : U_1 \to E_2$ est continuement différentiable dans U_1 si et seulement si :

pour tout point a de U_1 et tout h de E_1 il existe un élément de E_2 noté $\ell_a(h)$ tel que :

1) $\lim_{\lambda \to 0} \frac{f(a+\lambda h) - f(a)}{\lambda} = \ell_a(h)$

2) L'application $\ell_a : h \to \ell_a(h)$ est linéaire bornée de E_1 dans E_2.

3) L'application $x \to \ell_x$ est M-continue de U_1 dans $L(E_1, E_2)$.

XIII. 3. 8. - Théorème : Soit $f : (a_1, a_2) + U_1 \times P_2 \to E_3$; supposons que l'application partielle $x_1 \to f(x_1, a_2)$ de $a_1 + U_1$ dans E_3 soit continuement différentiable dans $a_1 + U_1$; supposons aussi que l'application partielle $x_2 \to f(a_1, x_2)$ de $a_2 + P_2$ dans E_3 soit différentiable au point a_2. Alors f est différentiable au point (a_1, a_2) et $f'(a_1, a_2)(h_1, h_2) = D_1 f(a_1, a_2).h_1 + D_2 f(a_1, a_2).h_2$.

XIII. 3. 9([11]) PROPOSITION : Supposons E_2 strict et $f : U_1 \to E_2$ différentiable dans U_1 ; si au point a de U_1 f' est localement bornée, alors pour tout B_1 il existe $\eta_1 > 0$ et B_2 tels que la restriction de f à $a + \eta_1 \mathring{B}_1$ $\left(\mathring{B}_1 = \bigcup_{0<\lambda<1} \lambda B_1\right)$ est à valeurs dans $f(a) + E_{B_2}$ et est différentiable de $a + \eta_1 \mathring{B}_1$ dans $f(a) + E_{B_2}$ au sens des espaces normés.

PROPOSITION : Supposons $f : U_1 \to E_2$ n fois continuement différentiable dans U_1 ; pour tout point a de U_1 et tout B_1, il existe $\eta_1 > 0$ et B_2 tels que la restriction de f à $a + \eta_1 \mathring{B}_1$ soit à valeurs dans $f(a) + E_{B_2}$ et soit $(n-1)$ fois continuement différentiable de $a + \eta_1 \mathring{B}_1$ dans $f(a) + E_{B_2}$ au sens des espaces normés.

XIII. 3. 10. - Théorème de convergence de familles de fonctions différentiables [11]

U_1 est un ouvert connexe de τE_1 et E_2 est un ebc polaire complet ; f_n est une suite d'applications différentiables de U_1 dans E_2 telles que :

a) Il existe un point a de U_1 tel que la suite $f_n(a)$ converge dans E_2 ;

b) Pour tout point x_o de U_1 et tout B_1 il existe $\varepsilon_1 > 0$ tel que la suite $f'_n(x)$ converge dans $L(E_1, E_2)$ uniformément en x pour $x \in x_o + \varepsilon_1 B_1$ (vers une limite notée $g(x)$).

Alors : 1) Pour tout point x de U_1, la suite $f_n(x)$ converge vers une limite notée $f(x)$;

2) Si g est M-continue dans U_1, f est différentiable dans U_1 et $f' = g$;

3) Si E_2 est strict, f est différentiable dans U_1 et $f' = g$.

4) Si E_2 est tel qu'il existe une base (B_2^i) de sa bornologie formée de disques complétants et fermés pour TE_2 tels que, pour tout i le sous-espace vectoriel engendré par B_2^i et muni de la bornologie induite par celle de E_2 satisfait à la première condition de dénombrabilité de Mackey, f est différentiable et $f' = g$. (C'est le cas des espaces de Fréchet ou même de l'espace $\mathcal{D}$).

Les conclusions (1), (2), (3) subsistent si l'on considère un ensemble filtrant (f_α) de fonctions différentiables à la place d'une suite (f_n).

XIII. 3. 11. - Définitions [11] : Une partie de U_1 (ouvert de TE_1) sera dite bornée si elle est contenu dans une union finie de $x_n + B_n$ tels qu'il existe une partie bornivore P_1 telle que $x_n + B_n + P_1 \subset U_1$; (si E_1 est de dimension finie, les bornés de U_1 sont les parties relativement compactes).

$C_p(U_1, E_2)$ désigne l'espace vectoriel des applications p fois continuement différentiables de U_1 dans E_2 telles que l'application $f^{(p)}$ de U_1 dans $L_p(E_1^p, E_2)$ soit 1°) bornée sur tout borné de U_1 et 2°) uniformément M-continue sur tout borné de U_1. (Si E_1 est de dimension finie $C_p(U_1, E_2)$ est l'espace vectoriel des applications p fois continuement différentiables de U_1 dans E_2).

$C_\infty(U_1, E_2)$ désigne l'espace vectoriel des applications indéfiniment différentiables de U_1 dans E_2 telles que pour tout n $f^{(n)}$ de U_1 dans $L_n(E_1^n, E_2)$ soit bornée sur tout borné de U_1.

Une partie M de $C_p(U_1, E_2)$ est dite bornée si pour tout $k \leqslant p$ et pour tout borné B_1 de U_1 $M^{(k)}(B_1) = \bigcup_{\substack{f \in M \\ x \in B_1}} \{f^{(k)}(x)\}$ est bornée dans $L_k(E_1^k, E_2)$.

Une partie M de $C_\infty(U_1, E_2)$ est dite bornée si pour tout k et pour tout borné B_1 de U_1, $M^{(k)}(B_1)$ est bornée dans $L_k(E_1^k, E_2)$.

PROPOSITION : $C_p(U_1, E_2)$ et $C_\infty(U_1, E_2)$ sont ainsi des ebc polaires. Si E_2 est complet, $C_\infty(U_1, E_2)$ est complet.

Théorème fondamental : Soit $\alpha \in C_\infty(E_2, E_3)$ et $F_\alpha : C_p(U_1, E_2) \to C_p(U_1, E_3)$ définie par $F_\alpha(\varphi) = \alpha \circ \varphi$; alors $F_\alpha \in C_\infty(C_p(U_1, E_2), C_p(U_1, E_3))$ et $F'_\alpha(\varphi).h = (x \to \alpha'(\varphi.(x)).h(x))$; l'application $F : (\alpha, \varphi) \to \alpha \circ \varphi$ est C_∞.

Théorème : L'application ev : $C_\infty(U_1, E_2) \times U_1 \to E_2$ définie par $ev(\varphi, x) = \varphi(x)$ est C_∞.

Théorème : L'application B : $C_\infty(U_1, E_2) \to L(C_\infty(E_2, E_3), C_\infty(U_1, E_3))$ définie par $B(\varphi)(\psi) = \psi \circ \varphi$ est C_∞.

XIII. 4. - Inversion locale et fonctions implicites

Lorsque les espaces E_1 (resp. E_2) sont supposés complets, B_1 (resp. B_2) sont des disques bornés fermés pour TE_1 (resp. TE_2) et complétants.

XIII. 4. 1. - PROPOSITION [12] : Soit f une bijection de U_1 sur U_2 et g son inverse ; on suppose que f est différentiable dans U_1 et que g est différentiable dans U_2. Alors, pour tout point x de U_1 $f'(x) \in \mathrm{Isom}(E_1, E_2)$ et $g'(f(x)) = f'(x)^{-1}$.

Si l'application $x \to (f'(x))^{-1}$ de U_1 dans $L(E_2, E_1)$ est localement bornée dans U_1 et si f est n fois différentiable (resp. n fois continuement différentiable) dans U_1 alors g est n fois différentiable (resp. n fois continuement différentiable) dans U_2.

Théorème [12] : Soit f une bijection de $a + P_1$ sur $f(a) + P_2$ et soit $g = f^{-1}$; supposons f différentiable au point a et $f'(a) \in \mathrm{Isom}(E_1, E_2)$ alors si l'une quelconque des conditions suivantes 1), 2), 3) est vérifiée, g est différentiable au point $f(a)$ (et $g'(f(a)) = f'(a)^{-1}$) ;

1) g est presque lipschitzienne au point $f(a)$.

2) E_1 et E_2 sont stricts et g est M-continue au point $f(a)$.

3) g est M-continue au point $f(a)$ et il existe une base (B_i^1) de la bornologie de E_1 telle que pour tout i

$r_a(\tau B_i^1) \subset f'(a)\, B_i^1$ pour $\tau > 0$ assez petit et

$$\frac{\|r_a(h)\|_{f'(a)B_i^1}}{\|h\|_{B_i^1}} \to 0 \text{ si } \|h\|_{B_i^1} \to 0.$$

L'hypothèse "g est presque lipschitzienne au point $f(a)$" ne peut pas dans tous les cas être remplacés par "g est M-continue au point $f(a)$".

XIII. 4. 2. - Deux théorèmes d'inversion locale [12] :

On suppose E_1 et E_2 complets.

Remarque : Il se peut qu'une fonction $f : E_1 \to E_2$ soit indéfiniment différentiable dans E_1, que $f'(0) \in \mathrm{Isom}(E_1, E_2)$ et que f ne soit surjective sur aucune partie bornivore centrée au point $f(0)$; donc le théorème d'inversion locale tel qu'il s'énonce dans les Banach n'est plus valable ici.

Définitions : Une application $f : U_1 \to E_2$ est dite de type $\mathcal{D}_1$ au point a de U_1 si :

1) f est différentiable dans U_1 ;

2) Il existe une base (B_i) de la bornologie de E_1 telle que pour tout i, pour tout $\lambda > 0$, il existe $\eta > 0$ tel que :

$$h \in \eta B_i \quad \text{entraîne} \quad (f'(a+h) - f'(a))(B_i) \subset \lambda f'(a)(B_i)$$

Une application $f : U_1 \to E_2$ est dite de type $\mathcal{D}_1$ dans U_1 si elle est de type $\mathcal{D}_1$ en tout point de U_1.

Remarque : Si f est de type $\mathcal{D}_1$ au point a et si $f'(a) \in \mathrm{Isom}(E_1, E_2)$ il se peut qu'il n'existe aucune partie bornivore P_1 telle que $x \in a + P_1 \to f'(x) \in \mathrm{Isom}(E_1, E_2)$.

Théorème d'inversion locale pour les fonctions de type $\mathcal{D}_1$.

On suppose que $f : U_1 \to E_2$ est de type $\mathcal{D}_1$ au point a de U_1 et que $f'(a) \in \mathrm{Isom}(E_1, E_2)$; alors, il existe des parties bornivores P_1 et P_2 telles que f est une bijection de $a + P_1$ sur $f(a) + P_2$; si $g = f^{-1}$ définie sur $f(a) + P_2$, g est différentiable au point $f(a)$ et $g'(f(a)) = f'(a)^{-1}$.

Si f est de type $\mathcal{D}_1$ dans U_1 et si $f'(x) \in \mathrm{Isom}(E_1, E_2)$ pour tout x de U_1, $f(U_1)$ est un ouvert U_2 de τE_2 ; si de plus f est injective dans U_1, f est donc bijective de U_1 sur U_2 et si $g = f^{-1}$ définie dans U_2, g est de type $\mathcal{D}_1$ dans U_2.

Définitions : Une pseudo-base de la bornologie est une famille de disques bornés filtrante à droite telle que tout borné de l'espace soit absorbé par un disque borné de cette famille.

Une application $f : U_1 \to E_2$ est dite de type $\mathcal{B}_2$ au point a de U_1 si :

1) f est différentiable dans U_1 ;

2) Il existe une pseudo-base (B_i) de la bornologie de E_1 telle que, pour tout $\lambda > 0$, il existe $\eta > 0$ tel que $h \in \eta B_i \Rightarrow (f'(a+h) - f'(a))(B_i) \subset \lambda f'(a)(B_i)$ pour tout i.

f est dite de type $\mathcal{B}_2$ dans U_1 si elle est de type $\mathcal{B}_2$ en tout point de U_1 (U_1 est alors ouvert pour TE_1).

PROPOSITION : Les fonctions de type $\mathcal{B}_2$ sont de type $\mathcal{B}_1$ mais il existe des fonctions de type $\mathcal{B}_1$ qui ne sont pas de type $\mathcal{B}_2$.

PROPOSITION : Si f est de type $\mathcal{B}_2$ au point a et si $f'(a) \in \mathrm{Isom}(E_1, E_2)$ alors, il existe un disque bornivore Q_1 tel que $x \in a + Q_1 \Rightarrow f'(x) \in \mathrm{Isom}(E_1, E_2)$.

Théorème d'inversion locale pour les fonctions de type $\mathcal{B}_2$

On suppose que $f : U_1 \to E_2$ est de type $\mathcal{B}_2$ au point a de U_1 et que $f'(a) \in \mathrm{Isom}(E_1, E_2)$. Alors, il existe des ouverts V_1 et V_2 de TE_1 et TE_2 contenant a et f(a) tels que :

1) $x \in V_1 \Rightarrow f'(x) \in \mathrm{Isom}(E_1, E_2)$;

2) f est une bijection de V_1 sur V_2 et si g est son inverse, g est différentiable dans V_2 (et $g'(f(x)) = f'(x)^{-1}$) ; de plus, g est de type $\mathcal{B}_2$ au point f(a).

XIII. 4. 3. - Fonctions implicites. [13]

On suppose E_2 ebc polaire complet.

Soit $f : (a, b) + P_1 \times P_2 \to E_3$ telle que $f(a, b) = 0$ et telle que f admette une dérivée partielle $f'_y(a, b) \in \mathrm{Isom}(E_2, E_3)$; soit $A(x, y_1, y_2) = f'_y(a, b)(y_1 - y_2) - f(x, y_1) + f(x, y_2)$.

Hypothèse 1 : Pour tout B_1 disque borné de E_1, il existe $\tau_o > 0$ et il existe C_o disque borné de E_2 tels que $\tau \leq \tau_o \Rightarrow f(a + \tau B_1, b) \subset \tau f'_y(a, b) C_o$ puis il existe une suite (C_n) de disques bornés de E_2 telle que :

$$(1) \quad \left.\begin{array}{l} x \in a + \tau_o B_1 \\ y_1, y_2 \in + b + \tau_o (C_o + C_1 + \ldots + C_n) \\ y_1 - y_2 \in \tau C_n \qquad \tau \leq 2\tau_o \end{array}\right\} \Rightarrow A(x, y_1, y_2) \in \tau f'_y(a, b)\, C_{n+1} ,$$

telle que $\tau_o \overline{\Gamma} \sum_{n=0}^{+\infty} C_n \subset P_2$ et telle que si $F_n = \overline{\Gamma} \sum_{q \geq n} C_q$,

$F_n \to 0$ dans E_2 ; on suppose de plus que si $u_n \to u_o$ dans $b + P_2$ $f(x, u_n) \to f(x, u_o)$ dans E_3 pour tout x de $a + P_1$.

Les trois hypothèses suivantes sont moins générales mais plus simples :

Hypothèse 2 : Pour tout disque borné B_1 de E_1 , il existe $\tau_o > 0$, C (disque borné complétant de E_2) et ε $(0 < \varepsilon < 1)$ tels que $\frac{\tau_o}{1 - \varepsilon} C \subset P_2$, tels que $\tau \leq \tau_o \Rightarrow f(a + \tau B_1, b) \subset \tau f'_y(a, b)\, C$ et tels que :

$$\left.\begin{array}{l} x \in a + \tau_o B_1 \\ y_1, y_2 \in b + \dfrac{\tau_o}{1 - \varepsilon} C \\ y_1 - y_2 \in \tau C \quad \tau \leq 2\tau_o \end{array}\right\} \Rightarrow A(x, y_1, y_2) \in \tau\, \varepsilon f'_y(a, b)\, C$$

Supposons maintenant que $f : (a, b) + P_1 \times U_2 \to E_3$ et que $f'_y(x, y)$ existe si $x \in a + P_1$ et $y \in b + U_2$.

<u>Hypothèse 1'</u> : Dans l'hypothèse 1, prendre les C_n fermés pour $T E_2$ et remplacer (1) par (1') :

$$\left.\begin{array}{l} x \in a + \tau_o B_1 \\ y \in b + \tau_o(C_o + C_1 + \ldots + C_n) \end{array}\right\} \Rightarrow [f'_y(x, y) - f'_y(a, b)]\, C_n \subset f'_y(a, b)\, C_{n+1}$$

<u>Hypothèse 2'</u> : Dans l'hypothèse 2, prendre C disque borné complétant fermé pour $T E_2$ et remplacer (2) par (2') :

$$\left.\begin{array}{l} x \in a + \tau_o B_1 \\ y \in b + \dfrac{\tau_o}{1-\varepsilon}\, C \end{array}\right\} \Rightarrow [f'_y(x, y) - f'_y(a, b)]\, C \subset \varepsilon f'_y(a, b)\, C$$

<u>Théorème des fonctions implicites</u> :

<u>Supposons vraie l'une des quatre hypothèses</u> 1, 2, 1', 2'. <u>Alors si</u> $P'_1 = \bigcup_{B_1} \tau_o B_1$ <u>il existe une application</u> $u = a + P'_1 \to b + P_2$ <u>telle que</u> $u(a) = b$, u <u>presque lipschitzienne au point</u> a <u>et</u> $f(x, u(x)) = 0$ <u>pour tout</u> x <u>de</u> $a + P'_1$. <u>Si de plus</u> f <u>est continuement différentiable au point</u> (a, b), u <u>est différentiable au point</u> a <u>et</u> :

$$u'(a) = -f'_y(a, b)^{-1} \circ f'_x(a, b)$$

<u>PROPOSITION D'UNICITE</u> : <u>Supposons que dans l'une des diverses hypothèses</u> 1, 2, 1', 2', <u>pour chaque</u> B_1 <u>il existe des</u> τ_o <u>et</u> C_{oB_1} <u>(les</u> C_{oB_1} <u>jouissant des propriétés de</u> C_o <u>ou</u> C <u>des hypothèses</u> 1, 2, 1', 2'<u>) tels que pour</u> B_1 <u>fixé, l'union des</u> C_{oB_1} <u>soit une partie bornivore de</u> E_2

<u>Alors il existe une partie bornivore</u> P''_1 <u>telle que pour</u> $x \in a + P''_1$ $f(x, y) = 0 \Leftrightarrow y = u(x)$.

XIII. 5. - Equations différentielles. [13]

XIII. 5. 1. - I est un intervalle ouvert de R ; E est un ebc tel que TE soit quasi-complet. $F : E \times I \to E$; $X_o \in E$, $t_o \in I$.

On s'intéresse à l'équation différentielle :

$$(1) \quad \frac{dX}{dt} = F(X, t) \quad ; \quad X(t_o) = X_o .$$

XIII. 5. 2. - Remarque : Même si F est indéfiniment différentiable, il se peut que l'équation (1) n'admette pas de solution définie sur un voisinage quelconque de t_o .

XIII. 5. 3. - On suppose que F est M-continue de $E \times I$ dans E, que $\frac{\partial F}{\partial X}$ existe et est M-continue dans $E \times I$.

Théorème d'existence : On suppose qu'il existe $\delta > 0$ et une suite (B_n) de disques bornés de E fermés pour TF telle que $|t-t_o| \leqslant \delta \Rightarrow F(X_o, t) \in B_1$ et $X \in X_o + \delta B_1 + \ldots + \frac{\delta^n}{n!} B_n \Rightarrow \frac{\partial F}{\partial X}(X, t) B_n \subset B_{n+1}$ et telle que si $F_n = \overline{\Gamma} \sum_{q \geqslant n} \frac{\delta^q}{q!} B_q$, $F_n \to 0$ dans E si $n \to +\infty$.

Il existe alors une application $t \to X(t) :]t_o - \delta, t_o + \delta[\to E$, à valeur dans $X_o + \overline{\Gamma} \sum_n \frac{\delta^n}{n!} B_n$ et solution de l'équation différentielle (1).

Ce résultat se montre par une méthode d'itération

$$X_n(t) = X_o + \int_{t_o}^{t} F(X_{n-1}(u), u) du .$$

Théorème d'unicité : On suppose que $t \to X(t)$ et $t \to Y(t)$ sont deux solutions de (1) définies sur $]t_o - \delta, t_o + \delta[$; on suppose qu'il existe une suite B_n de disques de E fermés pour TE telle que pour $|t-t_o| < \delta$ $X(t) \in X_o + B_o$ et $Y(t) \in X_o + B_o$, puis $X \in X_o + B_o$ et $|t-t_o| < \delta \Rightarrow \frac{\partial F}{\partial X}(X,t) B_n \subset B_{n+1}$ et telle que $\bigcap_n \frac{\delta^n}{n!} B_n = \{0\}$. Alors $X(t) = Y(t)$ si $|t-t_o| < \delta$.

XIII. 5. 4. - Dépendance par rapport à la condition initiale et à un paramètre pour une famille d'équations $dX/dt = F(\Lambda, X, t)$, $X(t_o) = X_o$.

$B([t_o - \delta, t_o + \delta], E)$ désigne l'ebc des applications bornées de $[t_o - \delta, t_o + \delta]$ dans E muni de sa bornologie naturelle. $F : \mathcal{E} \times E \times I \to E$ est M-continue dans $\mathcal{E} \times E \times I$ et deux fois continuement différentiable en (Λ, X) dans $\mathcal{E} \times E \times I$, $\Lambda_o \in \mathcal{E}$ (ebc) ; C_o est un disque borné de $\mathcal{E}$, B_o un disque borné de E.

On suppose que pour tous B, B_1 disques bornés de E il existe $\varepsilon > 0$, $\delta > 0$ et une suite B_n de disques bornés de E fermés pour TE telle que pour $|t-t_o| \leqslant \delta$ et $\Lambda \in \Lambda_o + \varepsilon C_o$,

$$x \in X_o + \varepsilon B + \delta B_1 \Rightarrow \frac{\partial F}{\partial X}(\Lambda, X, t) B_1 \subset B_2 .$$

$$x \in X_o + \varepsilon B + \delta B_1 + \ldots + \frac{\delta^n}{n!} B_n \Rightarrow \frac{\partial F}{\partial X}(\Lambda, X, t) B_n \subset B_{n+1}$$

et telle que si :

$$F_n = \overline{\Gamma} \sum_{q \geqslant n} \frac{\delta^q}{q!} B_q \qquad F_n \to 0 \text{ si } n \to +\infty.$$

Théorème : Alors il existe $\varepsilon > 0$ et $\delta > 0$ tels que si $\Lambda_1 \in \Lambda_o + \varepsilon C_o$ et $X_1 \in X_o + \varepsilon B_o$ il existe une solution unique $X_{\Lambda_1 X_1}$ de $dX/dt = F(\Lambda_1, X, t)$, $X(t_o) = X_1$ définie sur $[t_o - \delta, t_o + \delta]$ et l'application :

$$\mathcal{S} : (\Lambda_o + \varepsilon C_o) \times (X_o + \varepsilon B_o) \to B([t_o-\delta, t_o+\delta], E)$$
$$\Lambda_1 \qquad X_1 \qquad X_{\Lambda_1 X_1}$$

est différentiable au point Λ_o, X_o, et

$$[\mathcal{S}'(\Lambda_o, X_o)(\Lambda - \Lambda_o, X - X_o)](t) = \Xi(t)(X - X_o) + \Delta(t)(\Lambda - \Lambda_o).$$

où Ξ et Δ sont définis par :

$$\Xi(t) \in L(E_{B_o}, E), \Xi(t_o) = I, \frac{d}{dt}\Xi(t) = \frac{\partial F}{\partial X}(\Lambda_o, X_o(t), t)\,\Xi(t) ;$$

$$\Delta(t) \in L(\mathcal{E}_{C_o}, E), \Delta(t_o) = 0, \frac{d}{dt}\Delta(t) = \frac{\partial F}{\partial X}(\Lambda_o, X_o(t), t)\,\Delta(t) + \frac{\partial F}{\partial \Lambda}(\Lambda_o, X_o(t), t).$$

XIII. 5. 5. - Application au théorème d'Ovcyannikov

L'idée de cette application nous a été donnée par M. L. Schwartz. Rappelons l'énoncé du théorème d'Ovcyannikov.

Les E_s sont des espaces de Banach et s décrit $]0, 1[$; B_s est la boule unité fermée de E_s.

(1) Si $s \geq s'$ $E_s \subset E_{s'}$ et $B_s \subset B_{s'}$ $E_o = \bigcup_{s \in R} E_s$.

- Λ est un opérateur linéaire de E_o dans E_o tel que :

(2) Si $s > s'$ Λ est une application linéaire bornée de E_s dans $E_{s'}$ et $\Lambda(B_s) \subset \frac{1}{e(s-s')} B_{s'}$.

(3) Il existe $\rho > 0$ et des opérateurs linéaires $B(t)$ ($|t| \leq \rho$) bornés de E_s dans E_s (pour tout s tel que $0 \leq s < 1$) tels que $B(t) B_s \subset \tau B_s$ τ étant indépendant de s et t.

et (4) Pour tout s $(0<s\leq 1)$; si v est une application continue de $[-\rho,+\rho] \to E_s$, il en est de même de $t \to B(t)\, v(t)$.

Nous allons considérer l'équation $u'(t)-B(t) \Lambda u(t) = f(t)$ (5) avec $u(0) = u_o$ (6). Soit s_o $(0< s_o < 1)$ tel que :

(7) $u_o \in E_{s_o}$ et $\Lambda u_o \in E_{s_o}$

et (8) f est une application continue de $[-\rho,+\rho] \to E_{s_o}$.

On a alors :

<u>Théorème d'Ovcyannikov</u> : <u>Sous les hypothèses précédentes, il existe</u> ε $0<\varepsilon<\rho$, s <u>tel que</u> $0 < s < s_o$ <u>et une fonction unique</u> $u :]-\varepsilon,+\varepsilon[\to E_s$ <u>solution de</u> (5) <u>et</u> (6).

Nous allons obtenir ce dernier résultat par application des théorèmes d'existence et d'unicité pour les équations différentielles.

E_o est évidemment un ebc complet.

Nous le supposerons polaire et nous supposerons $T\mathbf{E}_o$ quasi-complet (ce qui est toujours vrai dans les applications) pour pouvoir appliquer nos théorèmes d'existence et d'unicité (mais si on reprend les démonstrations de ces théorèmes, on voit qu'ici ces hypothèses sont superflues).

$F(X,t) = B(t) \Lambda X + f(t)$

$\frac{\partial F}{\partial X}(X,t)\, Y = B(t) \Lambda Y$

On a $B_1 = k B_{s_o}$ $(k > 0)$

$$\Lambda B_{s_o} \subset \frac{1}{e\,d} B_s \quad \text{si } s = s_o - d$$

$$B(t)\,\Lambda\,(kB_{s_o}) \subset \frac{k\tau}{ed} B_s \quad \text{donc si } 0<\varepsilon<d, \text{ on a :}$$

$$B(t)\,\Lambda\,(k B_{s_o}) \subset \frac{k\tau}{e(d-\varepsilon)} B_{s+\varepsilon} \quad ; \text{ soit } B_2 = \bigcap_{0<\varepsilon<d} \frac{k\tau}{e(d-\varepsilon)} B_{s+\varepsilon}$$

prenons $\varepsilon = \frac{d}{2}$; on a alors :

$$B_2 \subset \bigcap_d \frac{k\tau}{e\,d(1-\frac{1}{2})} B_{s+\frac{d}{2}} \quad \text{et} \quad \Lambda B_2 \subset \frac{k\tau}{ed(1-\frac{1}{2})} \frac{2}{ed} B_s = \frac{k\tau}{e^2 d^2} \frac{2}{(1-\frac{1}{2})} B_s$$

donc on peut prendre $B_3 = \bigcap_{0<\varepsilon<d} \frac{k\tau^2}{e^2(d-\varepsilon)^2} \frac{2}{(1-\frac{1}{2})} B_{s+\varepsilon}$;

prenons $\varepsilon = \frac{d}{3}$ $B_3 \subset \bigcap_d \frac{k\tau^2\, 2}{e^2 d^2 (1-\frac{1}{3})^2 (1-\frac{1}{2})} B_{s+\frac{d}{3}}$ d'où

$$B(t)\,\Lambda\, B_3 \subset \frac{k\,\tau^3\, 2.\,3}{e^3 d^3 (1-\frac{1}{2})(1-\frac{1}{3})^2} B_{s+\varepsilon}$$

d'où, par récurrence, on peut prendre :

$$B_n = \bigcap_{0\leqslant\varepsilon<d} \frac{k\,\tau^{n-1}}{e^{n-1}(d-\varepsilon)^{(n-1)}} \frac{2.\,3\ldots(n-1)}{(1-\frac{1}{2})(1-\frac{1}{3})^2\ldots(1-\frac{1}{n})^{n-1}} B_{s+\varepsilon}$$

$(1-\frac{1}{n})^{n-1} > \frac{1}{e}$ (e est la base des logarithmes népériens d'où la convergence de la série $\Sigma \frac{\delta^n}{n!} B_n$ si $\delta < \frac{s_o - s}{\tau}$

L'unicité se montre exactement de la même façon.

Pour $|t|$ assez petit, la solution v est à valeur dans E_s et on voit ensuite qu'elle est continement différentiable de $]-\varepsilon, +\varepsilon[$ dans l'espace de Banach E_s. (*)

(*) Certains résultats voisins ont été obtenus indépendamment par M. Trèves : "Differential equations in Banach filtrations" (prepint).

XIII. 5. 6. - Application au théorème de Cauchy-Kovalevska

Indiquons plus particulièrement une application au théorème de Cauchy-Kovalevska dans le cas d'une équation linéaire :

$$\frac{\partial u}{\partial t}(x,t) = a(x,t)\frac{\partial u}{\partial x}(x,t) + b(x,t)\,u(x,t) + c(x,t)$$

$$u(x,o) = u_o(x).$$

Nous utiliserons la méthode d'Ovcyannikov pour la construction de la suite B_n.

On cherche à montrer l'existence et l'unicité de la solution pour $|t|$ assez petit et x dans un "petit" voisinage d'un point x_o donné de $\mathbb{C}$. K est un compact de $\mathbb{C}$ d'intérieur contenant x_o tel que les fonctions $x \to a(x,t)$ et $x \to b(x,t)$ soient définis dans un voisinage de $K+s_o$ $(K+s_o = \{x \in \mathbb{C} \mid d(x,K) \leqslant s_o\})$ $(s_o > 0)$ et pour tout t dans une boule de $\mathbb{C}$ $|t| \leqslant \delta$; soit $A>0 \mid \|a(.,t)\|_{K+s_o} \leqslant \frac{A}{2}$ et $\|b(.,t)\|_{K+s_o} \leqslant \frac{A}{2}$ si $|t| \leqslant \delta$. On pose $\{\{M,s\}\} = \{\varphi$ analytiques à l'intérieur de $K+s$, continues dans $K+s$ et majorées par M sur $K+s\}$ ce qui définit la bornologie de l'espace $E = \mathcal{H}(K)$ des germes des fonctions analytiques autour du compact K. $\Phi(\varphi,t)(x) = a(x,t)\frac{\partial \varphi}{\partial x}(x) + b(x,t)\,\varphi(x) + c(x,t)$,
$[\frac{\partial \Phi}{\partial \varphi}(\varphi,t).\Psi](x) = a(x,t)\frac{\partial \Psi}{\partial x}(x) + b(x,t)\,\Psi(x)$.

$B_1 = \{\{M, s_o\}\}$ (pour un certain $M>0$) ; soit $d(0<d<s_o)$ et $s = s_o - d$, $\varphi \in B_1 \Rightarrow \|\varphi'\|_{K+s} \leqslant \frac{M}{d}$ d'après la formule de Cauchy ;

$B_2 = \overline{\Gamma}\{a\varphi' + b\varphi$ où $\varphi \in B_1\}$; choisissons $d<1$; on a $\|\varphi\|_{K+s} \leqslant M \leqslant \frac{M}{d}$ donc $B_2 \subset \{\{\frac{AM}{d}, s\}\}$ pour tout $s(0<s<s_o)$ et tel que $d = s_o - s < 1)$; donc, en changeant d en $d(1-\frac{1}{2})$, $B_2 \subset \{\{\frac{AM}{d(1-\frac{1}{2})}, s+\frac{d}{2}\}\}$ d'où :

$$B_3 \subset \{\{ \frac{A^2M}{d^2} \quad \frac{2}{(1-\frac{1}{2})} , s\}\} \quad \text{donc} \quad B_3 \subset \{\{ \frac{A^2M}{d^2} \quad \frac{2}{(1-\frac{1}{2})(1-\frac{1}{3})^2} , s+\frac{d}{3}\}\}$$

$$B_n \subset \{\{ \frac{A^{n-1} M}{d^{n-1}} \quad \frac{2.\ 3 \ldots (n-1)}{(1-\frac{1}{2})(1-\frac{1}{3})^2 \ldots (1-\frac{1}{n})^{n-1}} , s + \frac{d}{n} \}\}$$

d'où le résultat ; l'unicité se montre de même.

Diverses autres applications qui ne rentrent pas dans le cadre du théorème d'Ovcyannikov mais utilisent néanmoins cette méthode de majorations seront données dans : J. F. Colombeau - Quelques applications des fonctions implicites dans les espaces bornologiques. Colloque d'Analyse Fonctionnelle de Bordeaux - Avril 1971. -

QUELQUES QUESTIONS NON RESOLUES

1\. - Bornologies compatibles avec une dualité : Soit (F, G) un couple d'espaces vectoriels en dualité séparante. Rappelons qu'une bornologie convexe $\mathfrak{B}$ sur F est compatible avec la dualité entre F et G si G est le dual (bornologique) de (F, $\mathfrak{B}$). Caractériser toutes les bornologies compatibles avec la dualité entre F et G. Il serait déjà intéressant d'avoir une telle caractérisation pour divers couples particuliers usuels (F, G). Rappelons que l'ensemble des bornologies compatibles n'est non vide que si la topologie de Mackey $\tau(F, G)$ est bornologique. Alors cet ensemble admet un plus petit élément, mais non nécessairement un plus grand élément comme l'a remarqué en 1966 S. Spagnolo (Boll. Un. Math. Ital. (3), 21 (1966), 285-291). Ceci précise la remarque 2 de la page VI. 7).

2\. - Eléments inversibles de L(E) : Existe-t-il des espaces vectoriels topologiques localement convexes E ne possédant aucun borné bornivore pour lesquels l'ensemble des éléments inversibles de L(E), algèbre des endomorphismes bornologiques de E, soit ouvert pour une σ-topologie sur L(E) ou tout au moins soit Mackey-ouvert lorsqu'on munit L(E) de la bornologie naturelle ? (Le problème se pose aussi d'ailleurs dans $\mathcal{L}(E)$, algèbre des endomorphismes continus de E). Si oui, caractériser de tels espaces.

3\. - "Problème de Hahn-Banach" : Caractériser ou tout au moins élargir la classe d'espaces bornologiques (ou même d'espaces vectoriels topologiques localement convexes séparés) sur lesquels on peut prolonger des formes linéaires bornées définies sur un sous-espace M-fermé.

4\. - M-adhérence et M-fermeture vectorielles : Soit E un ebc aux normes faiblement concordantes (cf. déf. page IV. 10) et $\tilde{E}$ son complété (bornologique). Soit F un sous-espace M-fermé de E. La M-adhérence de F est-elle M-fermée dans $\tilde{E}$? Cette question intervient dans la théorie des distributions opérationnelles de J. Mikusinski.

5. - Espaces polaires : Rappelons qu'un ebc E est dit polaire s'il est séparé par son dual bornologique $E^{\times}$ et si le bipolaire d'un borné relativement à la dualité $(E, E^{\times})$ est encore borné. Le complété (bornologique) d'un ebc polaire est-il encore polaire ?

6. - Complété du produit tensoriel bornologique : Le produit tensoriel bornologique $E \otimes_{\pi_b} F$ (cf. définition, page VIII. 10) de deux ebc aux normes faiblement concordantes est-il aux normes faiblement concordantes. La réponse est affirmative moyennant des conditions d'approximation (cf. [25]).

7. - Condition de convergence de Mackey : Caractériser les espaces vectoriels topologiques dans lesquels toute suite topologiquement convergente est bornologiquement convergente.

BIBLIOGRAPHIE

[1] ARNOLD (B.H.) Topologies defined by bounded sets. Duke Math. J. 18, (1951) p. 631-642.

[2] AVERBUCK (V.I.) and SMOLYANOV (O.G.) The various definitions of the derivate in linear topological spaces. Rus. Math. Surveys, Vol. 23, 4, (1968), pp. 67-113.

[3] BEREZANSKII (I.A.) Inductively reflexive, locally convex spaces. Sov. Math. Dokl. Vol. 9, N°5, pp. 1080-1082.

[4] BESSAGA (C.) and PELCZYNSKI (A.) On the imbedding of nuclear spaces... Dokl. Akad. Nauk. SSSR. 134, 745-748 (1960).

[5] BOURBAKI (N.) Topologie générale, chap. 1. 2., Paris 1965.

[6] BOURBAKI (N.) Espaces vectoriels topologiques, chap. 1, 2, 3, 4 - Paris.

[7] BOEHME (T.K.) On Mikusinski operators. Stud. Math. T. 33, (1969), pp. 127-140.

[8] BRUDOVSKII (B.S.) Countability conditions in locally convex spaces, Soviet Math. t. 4, 1963, pp. 1472-1474.

[9] BUCHWALTER (H.) Espaces vectoriels bornologiques, Publ. Dép. Math. Lyon, t. 2, fasc. 1, 1965, pp. 2-53.

[10] BUCHER (W.) Différentiabilité de la composition et complétude de certains espaces fonctionnels. Comment. Math. Helv. 43, 1968, pp. 256-288.

[11] COLOMBEAU (J. F.) Calcul différentiel dans les espaces bornologiques, Thèse 3e cycle, Bordeaux 1970.

[12] COLOMBEAU (J. F.) L'inversion d'une application différentiable entre espaces bornologiques, C. R. A. S., t. 270 série A, p. 970, pp. 1692-1694.

[13] COLOMBEAU (J. F.) Fonctions implicites et équations différentielles dans les espaces bornologiques. C. R. A. S. t. 272, p. 240-243 (1971).

[14] DERMOTT (T. Mc) Implicity defined mappings in locally convex spaces (Prepint, University of Los Angeles 1969).

[15] DIEUDONNE (J.) Denumerability conditions in convex vector spaces, Proc. Amer. Math. Soc. t. 8, 1957, pp. 367-372.

[16] DONOGHUE (W. F.) and SMITH (K. T.) On the symmety and bounded closure of locally convex spaces. AMS Trans, Vol. 73, 1952, pp. 321-344.

[17] EELLS (J.) On the geometry of function spaces. Symp. int. de Topologia Alg. Mexico 1956-1958, pp. 303-308.

[18] EELLS (J.) A setting for global analysis ; Bull. Amer. Math. Soc. 72, 1966, pp. 751-807.

[19] FOIAS (C.) et MARINESCU (G.) Fonctionnelles linéaires dans les réunions dénombrables d'espaces de Banach réflexifs, C. R. A. S., t. 261, 1965, pp. 4958-4960.

[20] FROLICHER (A.) and BUCHER (W.) — Calculus in vector spaces without norm. Lecture Notes in Math, N°30 (1966) Springer.

[21] FUNAKOSI (S.) — On nuclear spaces with fundamental system of bounded sets II, Proc. Jap. Acad. t. 44, 1968, pp. 807-810.

[22] GARLING (D. J. H.) — Locally convex spaces with denumerable systems of weakly compacts sets ; Proc. Cambr. Philos. Soc. t. 60, 1964, pp. 813-815.

[23] GROTHENDIECK (A.) — Sur les espaces (F) et (DF) Sum. Bras. Math. t. 3, 1952-1956, pp. 57-123.

[24] GROTHENDIECK (A.) — Produits tensoriels topologiques et espaces nucléaires. Mém. AMS N°16, 1966.

[25] HOGBE-NLEND (H.) — Complétion, tenseurs et nucléarité en bornologie, (J. Math. Pures et appl. 1970).

[26] HOGBE-NLEND (H.) — Sur le "problème de Hahn-Banach" en bornologie C. R. A. S. t. 270, 1970, pp. 1320-1322.

[27] HOGBE-NLEND (H.) — Sur une question de J. Dieudonné, Bull. Soc. Math. France, 98, 1970, pp. 201-208.

[28] HOGBE-NLEND (H.) — Les fondements de la bornologie moderne I Départ. Math. Bordeaux 1970.

[29] FERREIRA (A. V.) — Some remarks on b-spaces. Portugaliae Math. Vol. 26, fasc. 4, 1967.

[30] IYAHEN (S. O.) — On certain classes of linear topological spaces. Proc. Lond. Math. Soc. 3, 18, 1968, p. 285-307.

[31] KELLER (H. H.) Limit vector spaces of Marinescu type. Rev. roumaine Math. pures et appl. 13, 1968, p. 1107-1112.

[32] KIJOWSKI (J.) Existence of differentiable structure in the set of submainfolds... Stud. Math. 33 p. 93-108 (1969).

[33] KIJOWSKI (J.) KOMOROWSKI (J.) A differentiable structure in the set of the bundle sections over compact subsets. Stud. Math. 32, p. 191-207 (1969).

[34] KISYNSKI (J.) Convergence de type L. Colloque Math. Vol. 7, fasc. 2, 1960, 205-211.

[35] KŌMURA (Y.) Some examples of linear topological spaces. Math. Annalen, 153, 150-162 (1964).

[36] KŌMURA, T. und KOMURA Y. Uber die einbettung der nuklearen Raüme in $(S)^A$. Math. Ann., 162, 284-288 (1966).

[37] KOTHE (G.) Topological vector spaces I, 1969, Springer Berlin.

[38] LESLIE (S. A.) On a differential structure for the group diffeormorphisms. Topology 6 (1957) p. 263-271.

[39] LIGAUD (J. P.) Sur les rapports entre topologies et bornologies pseudo-convexes. (t. 271, 1970, p. 1058-1060, C. R. A. S.).

[40] MACKEY (G. W.) On infinite-dimensional linear spaces (Trans. A. M. S. 57, 1945, p. 155-207).

[41] MAHOWALD (M.) and GOULD (G.) Quasi-barreled locally convex spaces, Proc. A. M. S. t. 11, 1960, p. 811-816.

[42] MARINESCU (G.) Espaces vectoriels pseudo-topologiques... Berlin 1963.

[43] MARTINEAU (A.) Sur une propriété universelle de l'espace des distributions de L. Schwartz. CRAS, t. 259, 1964, p. 3162.

[44] MEEUS (D.) Calcul différentiel dans les espaces localement convexes, Thèse, Louvain 1970.

[45] METZLER (R.C.) A remark on bounded sets in linear topological spaces. Bull. Acad. Pol. Sc. 15 (5) 1967, p. 317-318.

[46] MIKUSINSKI (J.) Distributions à valeurs dans les réunions d'espaces de Banach, Stud. Math. T. 19, 1960, p. 251-285.

[47] NEL (L.D.) Note on completeness in a pseudo-topological linear space. J. Lond. Math. Soc. 40, 3, 1965, N°159, p. 497-498.

[48] NOEL (G.) Structures bornologiques et produits tensoriels. Thèse, Bruxelles 1969.

[49] PERROT (B.) Sur la Mackey-convergence. (Thèse de 3e cycle, Bordeaux 1970).

[50] PERROT (B.) Sur le problème de la Mackey-fermeture... (CRAS t. 271, 1970, p. 832-834).

[51] PIESTCH (A.) Nukleare lokalkonvex Raüme. Akad. Verlag, Berlin 1965.

[52] PIESTCH (A.) Absolut p-summierende abbildungen in normierten Raümen Stud. Math. 28, 1967, p. 333-353.

[53] SAUX (M.T.) Distributions à valeurs dans les espaces bornologiques (Thèse 3e cycle, Bordeaux 1970).

[54] SAUX (M.T.) Sur les distributions à valeurs dans le corps des opérateurs de Mikusinski. (CRAS, t. 270, 1970, p. 1744-1747).

[55] SCHWARTZ (L.) Théorie des distributions à valeurs vectorielles (Ann. Inst. Fourier, Tomes VII et VIII) 1957 et 1958).

[56] SLOWIKOWSKI (W.) Fonctionnelles linéaires dans les réunions dénombrables d'espaces de Banach réflexifs. CRAS, t. 262, 1966, p. 870-872.

[57] SILVA (J.S.E.) Le calcul différentiel et intégral dans les espaces localement convexes réels ou complexes. Atti. Acad. Naz. lincei. Rend. cl. Sc. Fis. Math. Nat. (8), Vol. 20 (1956), p. 743-750 et Vol. 21 (1956), p. 40-46.

[58] SILVA (J.S.E.) Les espaces à bornés et la notion de fonction différentiable. (Colloque Analyse Fonctionnelle, CBRM, 1961, p. 57-61).

[59] SILVA (J.S.E.) Les espaces à bornés et les réunions d'espaces normés. Rend. Acc. Naz. dei Lincei, Série VIII, 34 (1963), 134-137.

[60] SZE-TSEN-HU Boundedness in a topological space. Journ. Math. pur. et appl. 9, Vol. 28, 1949, p. 287-320.

[61] WAELBROECK (L.) Etude spectrale des algèbres complètes. (Mém. Acad. Roy Belgique cl. des Sc. 31 1960).

[62] WAELBROECK (L.) Les espaces à bornés complets. (Colloque Analyse Fonctionnelle, CBRM, 1961, p. 51-55).

[63] WAELBROECK (L.) Le complété et le dual d'un espace à bornés (CRAS, t. 253, 1961, p. 2827-2828).

[64] WAELBROECK (L.) Some theorems about bounded structures (J. Funct. Analysis, 1, N°4 1967, p. 392-408).

[65] WLOKA (J.) Distributionen und operatoren.

[66] Quatrième foire estivale d'Analyse Fonctionnelle, Ternat, 1969 ; Espaces nucléaires, Dép. Math., Bruxelles.

[67] Séminaire Banach 1962, Ecole Normale Supérieure, Paris.

[68] Séminaire L. Schwartz 1969-1970, applications radonifiantes. Ecole polytechnique, Centre de Mathématiques, Paris - 1970.

[69] SCHWARTZ (L.) Théorie des distributions. Hermann, Paris 1966 (Nouvelle édition).

[70] WILDE (M. de...) Réseaux dans les espaces linéaires à seminormes (Mém. Société Roy des Sciences, Liège, t. 18, fasc. 2, 1969).

[71] FALB (P. L.) and JACOB (M. Q.) On differentials in locally convexes-spaces. (J. of diff. equations, Vol. 4, 1968, p. 444-459).

[72] TREVES (F.) On the theory of linear partial differential operators with analytic coefficients (Trans. AMS, Vol. 137, 1969, p. 1-20).

[73] DUBINSKY (E.) Differential equations and differential calculus in Montel spaces (Trans. AMS, Vol. 110, N°1, 1964, p. 1-21).

Lecture Notes in Mathematics

Bisher erschienen/Already published

Vol. 1: J. Wermer, Seminar über Funktionen-Algebren. IV, 30 Seiten. 1964. DM 3,80

Vol. 2: A. Borel, Cohomologie des espaces localement compacts d'après. J. Leray. IV, 93 pages. 1964. DM 9,–

Vol. 3: J. F. Adams, Stable Homotopy Theory. Third edition. IV, 78 pages. 1969. DM 8,–

Vol. 4: M. Arkowitz and C. R. Curjel, Groups of Homotopy Classes. 2nd. revised edition. IV, 36 pages. 1967. DM 4,80

Vol. 5: J.-P. Serre, Cohomologie Galoisienne. Troisième édition. VIII, 214 pages. 1965. DM 18,–

Vol. 6: H. Hermes, Term Logic with Choise Operator. III, 55 pages. 1970. DM 6,–

Vol. 7: Ph. Tondeur, Introduction to Lie Groups and Transformation Groups. Second edition. VIII, 176 pages. 1969. DM 14,–

Vol. 8: G. Fichera, Linear Elliptic Differential Systems and Eigenvalue Problems. IV, 176 pages. 1965. DM 13,50

Vol. 9: P. L. Ivănescu, Pseudo-Boolean Programming and Applications. IV, 50 pages. 1965. DM 4,80

Vol. 10: H. Lüneburg, Die Suzukigruppen und ihre Geometrien. VI, 111 Seiten. 1965. DM 8,–

Vol. 11: J.-P. Serre, Algèbre Locale. Multiplicités. Rédigé par P. Gabriel. Seconde édition. VIII, 192 pages. 1965. DM 12,–

Vol. 12: A. Dold, Halbexakte Homotopiefunktoren. II, 157 Seiten. 1966. DM 12,–

Vol. 13: E. Thomas, Seminar on Fiber Spaces. IV, 45 pages. 1966. DM 4,80

Vol. 14: H. Werner, Vorlesung über Approximationstheorie. IV, 184 Seiten und 12 Seiten Anhang. 1966. DM 14,–

Vol. 15: F. Oort, Commutative Group Schemes. VI, 133 pages. 1966. DM 9,80

Vol. 16: J. Pfanzagl and W. Pierlo, Compact Systems of Sets. IV, 48 pages. 1966. DM 5,80

Vol. 17: C. Müller, Spherical Harmonics. IV, 46 pages. 1966. DM 5,–

Vol. 18: H.-B. Brinkmann und D. Puppe, Kategorien und Funktoren. XII, 107 Seiten, 1966. DM 8,–

Vol. 19: G. Stolzenberg, Volumes, Limits and Extensions of Analytic Varieties. IV, 45 pages. 1966. DM 5,40

Vol. 20: R. Hartshorne, Residues and Duality. VIII, 423 pages. 1966. DM 20,–

Vol. 21: Seminar on Complex Multiplication. By A. Borel, S. Chowla, C. S. Herz, K. Iwasawa, J.-P. Serre. IV, 102 pages. 1966. DM 8,–

Vol. 22: H. Bauer, Harmonische Räume und ihre Potentialtheorie. IV, 175 Seiten. 1966. DM 14,–

Vol. 23: P. L. Ivănescu and S. Rudeanu, Pseudo-Boolean Methods for Bivalent Programming. 120 pages. 1966. DM 10,–

Vol. 24: J. Lambek, Completions of Categories. IV, 69 pages. 1966. DM 6,80

Vol. 25: R. Narasimhan, Introduction to the Theory of Analytic Spaces. IV, 143 pages. 1966. DM 10,–

Vol. 26: P.-A. Meyer, Processus de Markov. IV, 190 pages. 1967. DM 15,–

Vol. 27: H. P. Künzi und S. T. Tan, Lineare Optimierung großer Systeme. VI, 121 Seiten. 1966. DM 12,–

Vol. 28: P. E. Conner and E. E. Floyd, The Relation of Cobordism to K-Theories. VIII, 112 pages. 1966. DM 9,80

Vol. 29: K. Chandrasekharan, Einführung in die Analytische Zahlentheorie. VI, 199 Seiten. 1966. DM 16,80

Vol. 30: A. Frölicher and W. Bucher, Calculus in Vector Spaces without Norm. X, 146 pages. 1966. DM 12,–

Vol. 31: Symposium on Probability Methods in Analysis. Chairman. D. A. Kappos.IV, 329 pages. 1967. DM 20,–

Vol. 32: M. André, Méthode Simpliciale en Algèbre Homologique et Algèbre Commutative. IV, 122 pages. 1967. DM 12,–

Vol. 33: G. I. Targonski, Seminar on Functional Operators and Equations. IV, 110 pages. 1967. DM 10,–

Vol. 34: G. E. Bredon, Equivariant Cohomology Theories. VI, 64 pages. 1967. DM 6,80

Vol. 35: N. P. Bhatia and G. P. Szegö, Dynamical Systems. Stability Theory and Applications. VI, 416 pages. 1967. DM 24,–

Vol. 36: A. Borel, Topics in the Homology Theory of Fibre Bundles. VI, 95 pages. 1967. DM 9,–

Vol. 37: R. B. Jensen, Modelle der Mengenlehre. X, 176 Seiten. 1967. DM 14,–

Vol. 38: R. Berger, R. Kiehl, E. Kunz und H.-J. Nastold, Differentialrechnung in der analytischen Geometrie IV, 134 Seiten. 1967 DM 12,–

Vol. 39: Séminaire de Probabilités I. II, 189 pages. 1967. DM 14,–

Vol. 40: J. Tits, Tabellen zu den einfachen Lie Gruppen und ihren Darstellungen. VI, 53 Seiten. 1967. DM 6.80

Vol. 41: A. Grothendieck, Local Cohomology. VI, 106 pages. 1967. DM 10,–

Vol. 42: J. F. Berglund and K. H. Hofmann, Compact Semitopological Semigroups and Weakly Almost Periodic Functions. VI, 160 pages. 1967. DM 12,–

Vol. 43: D. G. Quillen, Homotopical Algebra. VI, 157 pages. 1967. DM 14,–

Vol. 44: K. Urbanik, Lectures on Prediction Theory. IV, 50 pages. 1967. DM 5,80

Vol. 45: A. Wilansky, Topics in Functional Analysis. VI, 102 pages. 1967. DM 9,60

Vol. 46: P. E. Conner, Seminar on Periodic Maps. IV, 116 pages. 1967. DM 10,60

Vol. 47: Reports of the Midwest Category Seminar I. IV, 181 pages. 1967. DM 14,80

Vol. 48: G. de Rham, S. Maumary et M. A. Kervaire, Torsion et Type Simple d'Homotopie. IV, 101 pages. 1967. DM 9,60

Vol. 49: C. Faith, Lectures on Injective Modules and Quotient Rings. XVI, 140 pages. 1967. DM 12,80

Vol. 50: L. Zalcman, Analytic Capacity and Rational Approximation. VI, 155 pages. 1968. DM 13.20

Vol. 51: Séminaire de Probabilités II. IV, 199 pages. 1968. DM 14,–

Vol. 52: D. J. Simms, Lie Groups and Quantum Mechanics. IV, 90 pages. 1968. DM 8,–

Vol. 53: J. Cerf, Sur les difféomorphismes de la sphère de dimension trois ($\Gamma_4 = 0$). XII, 133 pages. 1968. DM 12,–

Vol. 54: G. Shimura, Automorphic Functions and Number Theory. VI, 69 pages. 1968. DM 8,–

Vol. 55: D. Gromoll, W. Klingenberg und W. Meyer, Riemannsche Geometrie im Großen. VI, 287 Seiten. 1968. DM 20,–

Vol. 56: K. Floret und J. Wloka, Einführung in die Theorie der lokalkonvexen Räume. VIII, 194 Seiten. 1968. DM 16,–

Vol. 57: F. Hirzebruch und K. H. Mayer, O (n)-Mannigfaltigkeiten, exotische Sphären und Singularitäten. IV, 132 Seiten. 1968. DM 10,80

Vol. 58: Kuramochi Boundaries of Riemann Surfaces. IV, 102 pages. 1968. DM 9,60

Vol. 59: K. Jänich, Differenzierbare G-Mannigfaltigkeiten. VI, 89 Seiten. 1968. DM 8,–

Vol. 60: Seminar on Differential Equations and Dynamical Systems. Edited by G. S. Jones. VI, 106 pages. 1968. DM 9,60

Vol. 61: Reports of the Midwest Category Seminar II. IV, 91 pages. 1968. DM 9,60

Vol. 62: Harish-Chandra, Automorphic Forms on Semisimple Lie Groups X, 138 pages. 1968. DM 14,–

Vol. 63: F. Albrecht, Topics in Control Theory. IV, 65 pages. 1968. DM 6,80

Vol. 64: H. Berens, Interpolationsmethoden zur Behandlung von Approximationsprozessen auf Banachräumen. VI, 90 Seiten. 1968. DM 8,–

Vol. 65: D. Kölzow, Differentiation von Maßen. XII, 102 Seiten. 1968. DM 8,–

Vol. 66: D. Ferus, Totale Absolutkrümmung in Differentialgeometrie und -topologie. VI, 85 Seiten. 1968. DM 8,–

Vol. 67: F. Kamber and P. Tondeur, Flat Manifolds. IV, 53 pages. 1968. DM 5,80

Vol. 68: N. Boboc et P. Mustată, Espaces harmoniques associès aux opérateurs différentiels linéaires du second ordre de type elliptique. VI, 95 pages. 1968. DM 8,60

Vol. 69: Seminar über Potentialtheorie. Herausgegeben von H. Bauer. VI, 180 Seiten. 1968. DM 14,80

Vol. 70: Proceedings of the Summer School in Logic. Edited by M. H. Löb. IV, 331 pages. 1968. DM 20,–

Vol. 71: Séminaire Pierre Lelong (Analyse), Année 1967 – 1968. VI, 190 pages. 1968. DM 14,–

Vol. 72: The Syntax and Semantics of Infinitary Languages. Edited by J. Barwise. IV, 268 pages. 1968. DM 18,–

Vol. 73: P. E. Conner, Lectures on the Action of a Finite Group. IV, 123 pages. 1968. DM 10,–

Vol. 74: A. Fröhlich, Formal Groups. IV, 140 pages. 1968. DM 12,–

Vol. 75: G. Lumer, Algèbres de fonctions et espaces de Hardy. VI, 80 pages. 1968. DM 8,–

Vol. 76: R. G. Swan, Algebraic K-Theory. IV, 262 pages. 1968. DM 18,–

Vol. 77: P.-A. Meyer, Processus de Markov: la frontière de Martin. IV, 123 pages. 1968. DM 10,–

Vol. 78: H. Herrlich, Topologische Reflexionen und Coreflexionen. XVI, 166 Seiten. 1968. DM 12,–

Vol. 79: A. Grothendieck, Catégories Cofibrées Additives et Complexe Cotangent Relatif. IV, 167 pages. 1968. DM 12,–

Vol. 80: Seminar on Triples and Categorical Homology Theory. Edited by B. Eckmann. IV, 398 pages. 1969. DM 20,–

Vol. 81: J.-P. Eckmann et M. Guenin, Méthodes Algébriques en Mécanique Statistique. VI, 131 pages. 1969. DM 12,–

Vol. 82: J. Wloka, Grundräume und verallgemeinerte Funktionen. VIII, 131 Seiten. 1969. DM 12,–

Vol. 83: O. Zariski, An Introduction to the Theory of Algebraic Surfaces. IV, 100 pages. 1969. DM 8,–

Vol. 84: H. Lüneburg, Transitive Erweiterungen endlicher Permutationsgruppen. IV, 119 Seiten. 1969. DM 10.–

Vol. 85: P. Cartier et D. Foata, Problèmes combinatoires de commutation et réarrangements. IV, 88 pages. 1969. DM 8,–

Vol. 86: Category Theory, Homology Theory and their Applications I. Edited by P. Hilton. VI, 216 pages. 1969. DM 16,–

Vol. 87: M. Tierney, Categorical Constructions in Stable Homotopy Theory. IV, 65 pages. 1969. DM 6,–

Vol. 88: Séminaire de Probabilités III. IV, 229 pages. 1969. DM 18,–

Vol. 89: Probability and Information Theory. Edited by M. Behara, K. Krickeberg and J. Wolfowitz. IV, 256 pages. 1969. DM 18,–

Vol. 90: N. P. Bhatia and O. Hajek, Local Semi-Dynamical Systems. II, 157 pages. 1969. DM 14,–

Vol. 91: N. N. Janenko, Die Zwischenschrittmethode zur Lösung mehrdimensionaler Probleme der mathematischen Physik. VIII, 194 Seiten. 1969. DM 16,80

Vol. 92: Category Theory, Homology Theory and their Applications II. Edited by P. Hilton. V, 308 pages. 1969. DM 20,–

Vol. 93: K. R. Parthasarathy, Multipliers on Locally Compact Groups. III, 54 pages. 1969. DM 5,60

Vol. 94: M. Machover and J. Hirschfeld, Lectures on Non-Standard Analysis. VI, 79 pages. 1969. DM 6,–

Vol. 95: A. S. Troelstra, Principles of Intuitionism. II, 111 pages. 1969. DM 10,–

Vol. 96: H.-B. Brinkmann und D. Puppe, Abelsche und exakte Kategorien, Korrespondenzen. V, 141 Seiten. 1969. DM 10,–

Vol. 97: S. O. Chase and M. E. Sweedler, Hopf Algebras and Galois theory. II, 133 pages. 1969. DM 10,–

Vol. 98: M. Heins, Hardy Classes on Riemann Surfaces. III, 106 pages. 1969. DM 10,–

Vol. 99: Category Theory, Homology Theory and their Applications III. Edited by P. Hilton. IV, 489 pages. 1969. DM 24,–

Vol. 100: M. Artin and B. Mazur, Etale Homotopy. II, 196 Seiten. 1969. DM 12,–

Vol. 101: G. P. Szegö et G. Treccani, Semigruppi di Trasformazioni Multivoche. VI, 177 pages. 1969. DM 14,–

Vol. 102: F. Stummel, Rand- und Eigenwertaufgaben in Sobolewschen Räumen. VIII, 386 Seiten. 1969. DM 20,–

Vol. 103: Lectures in Modern Analysis and Applications I. Edited by C. T. Taam. VII, 162 pages. 1969. DM 12,–

Vol. 104: G. H. Pimbley, Jr., Eigenfunction Branches of Nonlinear Operators and their Bifurcations. II, 128 pages. 1969. DM 10,–

Vol. 105: R. Larsen, The Multiplier Problem. VII, 284 pages. 1969. DM 18,–

Vol. 106: Reports of the Midwest Category Seminar III. Edited by S. Mac Lane. III, 247 pages. 1969. DM 16,–

Vol. 107: A. Peyerimhoff, Lectures on Summability. III, 111 pages. 1969. DM 8,–

Vol. 108: Algebraic K-Theory and its Geometric Applications. Edited by R. M.F. Moss and C. B. Thomas. IV, 86 pages. 1969. DM 6,–

Vol. 109: Conference on the Numerical Solution of Differential Equations. Edited by J. Ll. Morris. VI, 275 pages. 1969. DM 18,–

Vol. 110: The Many Facets of Graph Theory. Edited by G. Chartrand and S. F. Kapoor. VIII, 290 pages. 1969. DM 18,–

Vol. 111: K. H. Mayer, Relationen zwischen charakteristischen Zahlen. III, 99 Seiten. 1969. DM 8,–

Vol. 112: Colloquium on Methods of Optimization. Edited by N. N. Moiseev. IV, 293 pages. 1970. DM 18,–

Vol. 113: R. Wille, Kongruenzklassengeometrien. III, 99 Seiten. 1970. DM 8,–

Vol. 114: H. Jacquet and R. P. Langlands, Automorphic Forms on GL (2). VII, 548 pages. 1970. DM 24,–

Vol. 115: K. H. Roggenkamp and V. Huber-Dyson, Lattices over Orders I. XIX, 290 pages. 1970. DM 18,–

Vol. 116: Sèminaire Pierre Lelong (Analyse) Année 1969. IV, 195 pages. 1970. DM 14,–

Vol. 117: Y. Meyer, Nombres de Pisot, Nombres de Salem et Analyse Harmonique. 63 pages. 1970. DM 6.–

Vol. 118: Proceedings of the 15th Scandinavian Congress, Oslo 1968. Edited by K. E. Aubert and W. Ljunggren. IV, 162 pages. 1970. DM 12,–

Vol. 119: M. Raynaud, Faisceaux amples sur les schémas en groupes et les espaces homogènes. III, 219 pages. 1970. DM 14,–

Vol. 120: D. Siefkes, Büchi's Monadic Second Order Successor Arithmetic. XII, 130 Seiten. 1970. DM 12,–

Vol. 121: H. S. Bear, Lectures on Gleason Parts. III, 47 pages. 1970. DM 6,–

Vol. 122: H. Zieschang, E. Vogt und H.-D. Coldewey, Flächen und ebene diskontinuierliche Gruppen. VIII, 203 Seiten. 1970. DM 16,–

Vol. 123: A. V. Jategaonkar, Left Principal Ideal Rings. VI, 145 pages. 1970. DM 12,–

Vol. 124: Séminare de Probabilités IV. Edited by P. A. Meyer. IV, 282 pages. 1970. DM 20,–

Vol. 125: Symposium on Automatic Demonstration. V, 310 pages. 1970. DM 20,–

Vol. 126: P. Schapira, Théorie des Hyperfonctions. XI, 157 pages. 1970. DM 14,–

Vol. 127: I. Stewart, Lie Algebras. IV, 97 pages. 1970. DM 10,–

Vol. 128: M. Takesaki, Tomita's Theory of Modular Hilbert Algebras and its Applications. II, 123 pages. 1970. DM 10,–

Vol. 129: K. H. Hofmann, The Duality of Compact Semigroups and C*- Bigebras. XII, 142 pages. 1970. DM 14,–

Vol. 130: F. Lorenz, Quadratische Formen über Körpern. II, 77 Seiten. 1970. DM 8,–

Vol. 131: A Borel et al., Seminar on Algebraic Groups and Related Finite Groups. VII, 321 pages. 1970. DM 22,–

Vol. 132: Symposium on Optimization. III, 348 pages. 1970. DM 22,–

Vol. 133: F. Topsøe, Topology and Measure. XIV, 79 pages. 1970. DM 8,–

Vol. 134: L. Smith, Lectures on the Eilenberg-Moore Spectral Sequence. VII, 142 pages. 1970. DM 14,–

Vol. 135: W. Stoll, Value Distribution of Holomorphic Maps into Compact Complex Manifolds. II, 267 pages. 1970. DM 18,–

Vol. 136: M. Karoubi et al., Séminaire Heidelberg-Saarbrücken-Strasbuorg sur la K-Théorie. IV, 264 pages. 1970. DM 18,–

Vol. 137: Reports of the Midwest Category Seminar IV. Edited by S. MacLane. III, 139 pages. 1970. DM 12,–

Vol. 138: D. Foata et M. Schützenberger, Théorie Géométrique des Polynômes Eulériens. V, 94 pages. 1970. DM 10,–

Vol. 139: A. Badrikian, Séminaire sur les Fonctions Aléatoires Linéaires et les Mesures Cylindriques. VII, 221 pages. 1970. DM 18,–

Vol. 140: Lectures in Modern Analysis and Applications II. Edited by C. T. Taam. VI, 119 pages. 1970. DM 10,–

Vol. 141: G. Jameson, Ordered Linear Spaces. XV, 194 pages. 1970. DM 16,–

Vol. 142: K. W. Roggenkamp, Lattices over Orders II. V, 388 pages. 1970. DM 22,–

Vol. 143: K. W. Gruenberg, Cohomological Topics in Group Theory. XIV, 275 pages. 1970. DM 20,–

Vol. 144: Seminar on Differential Equations and Dynamical Systems, II. Edited by J. A. Yorke. VIII, 268 pages. 1970. DM 20,–

Vol. 145: E. J. Dubuc, Kan Extensions in Enriched Category Theory. XVI, 173 pages. 1970. DM 16,–

Vol. 146: A. B. Altman and S. Kleiman, Introduction to Grothendieck Duality Theory. II, 192 pages. 1970. DM 18,–

Vol. 147: D. E. Dobbs, Cech Cohomological Dimensions for Commutative Rings. VI, 176 pages. 1970. DM 16,–

Vol. 148: R. Azencott, Espaces de Poisson des Groupes Localement Compacts. IX, 141 pages. 1970. DM 14,–

Vol. 149: R. G. Swan and E. G. Evans, K-Theory of Finite Groups and Orders. IV, 237 pages. 1970. DM 20,–

Vol. 150: Heyer, Dualität lokalkompakter Gruppen. XIII, 372 Seiten. 1970. DM 20,-

Vol. 151: M. Demazure et A. Grothendieck, Schémas en Groupes I. (SGA 3). XV, 562 pages. 1970. DM 24,-

Vol. 152: M. Demazure et A. Grothendieck, Schémas en Groupes II. (SGA 3). IX, 654 pages. 1970. DM 24,-

Vol. 153: M. Demazure et A. Grothendieck, Schémas en Groupes III. (SGA 3). VIII, 529 pages. 1970. DM 24,-

Vol. 154: A. Lascoux et M. Berger, Variétés Kähleriennes Compactes. VII, 83 pages. 1970. DM 8,-

Vol. 155: Several Complex Variables I, Maryland 1970. Edited by J. Horváth. IV, 214 pages. 1970. DM 18,-

Vol. 156: R. Hartshorne, Ample Subvarieties of Algebraic Varieties. XIV, 256 pages. 1970. DM 20,-

Vol. 157: T. tom Dieck, K. H. Kamps und D. Puppe, Homotopietheorie. VI, 265 Seiten. 1970. DM 20,-

Vol. 158: T. G. Ostrom, Finite Translation Planes. IV. 112 pages. 1970. DM 10,-

Vol. 159: R. Ansorge und R. Hass. Konvergenz von Differenzenverfahren für lineare und nichtlineare Anfangswertaufgaben. VIII, 145 Seiten. 1970. DM 14,-

Vol. 160: L. Sucheston, Constributions to Ergodic Theory and Probability. VII, 277 pages. 1970. DM 20,-

Vol. 161: J. Stasheff, H-Spaces from a Homotopy Point of View. VI, 95 pages. 1970. DM 10,-

Vol. 162: Harish-Chandra and van Dijk, Harmonic Analysis on Reductive p-adic Groups. IV, 125 pages. 1970. DM 12,-

Vol. 163: P. Deligne, Equations Différentielles à Points Singuliers Reguliers. III, 133 pages. 1970. DM 12,-

Vol. 164: J. P. Ferrier, Seminaire sur les Algebres Complètes. II, 69 pages. 1970. DM 8,-

Vol. 165: J. M. Cohen, Stable Homotopy. V, 194 pages. 1970. DM 16,-

Vol. 166: A. J. Silberger, PGL_2 over the p-adics: its Representations, Spherical Functions, and Fourier Analysis. VII, 202 pages. 1970. DM 18,-

Vol. 167: Lavrentiev, Romanov and Vasiliev, Multidimensional Inverse Problems for Differential Equations. V, 59 pages. 1970. DM 10,-

Vol. 168: F. P. Peterson, The Steenrod Algebra and its Applications: A conference to Celebrate N. E. Steenrod's Sixtieth Birthday. VII, 317 pages. 1970. DM 22,-

Vol. 169: M. Raynaud, Anneaux Locaux Henséliens. V, 129 pages. 1970. DM 12,-

Vol. 170: Lectures in Modern Analysis and Applications III. Edited by C. T. Taam. VI, 213 pages. 1970. DM 18,-

Vol. 171: Set-Valued Mappings, Selections and Topological Properties of 2^X. Edited by W. M. Fleischman. X, 110 pages. 1970. DM 12,-

Vol. 172: Y.-T. Siu and G. Trautmann, Gap-Sheaves and Extension of Coherent Analytic Subsheaves. V, 172 pages. 1971. DM 16,-

Vol. 173: J. N. Mordeson and B. Vinograde, Structure of Arbitrary Purely Inseparable Extension Fields. IV, 138 pages. 1970. DM 14,-

Vol. 174: B. Iversen, Linear Determinants with Applications to the Picard Scheme of a Family of Algebraic Curves. VI, 69 pages. 1970. DM 8,-

Vol. 175: M. Brelot, On Topologies and Boundaries in Potential Theory. VI, 176 pages. 1971. DM 18,-

Vol. 176: H. Popp, Fundamentalgruppen algebraischer Mannigfaltigkeiten. IV, 154 Seiten. 1970. DM 16,-

Vol. 177: J. Lambek, Torsion Theories, Additive Semantics and Rings of Quotients. VI, 94 pages. 1971. DM 12,-

Vol. 178: Th. Bröcker und T. tom Dieck, Kobordismentheorie. XVI, 191 Seiten. 1970. DM 18,-

Vol. 179: Seminaire Bourbaki – vol. 1968/69. Exposés 347-363. IV. 295 pages. 1971. DM 22,-

Vol. 180: Séminaire Bourbaki – vol. 1969/70. Exposés 364-381. IV, 310 pages. 1971. DM 22,-

Vol. 181: F. DeMeyer and E. Ingraham, Separable Algebras over Commutative Rings. V, 157 pages. 1971. DM 16.-

Vol. 182: L. D. Baumert. Cyclic Difference Sets. VI, 166 pages. 1971. DM 16,-

Vol. 183: Analytic Theory of Differential Equations. Edited by P. F. Hsieh and A. W. J. Stoddart. VI, 225 pages. 1971. DM 20,-

Vol. 184: Symposium on Several Complex Variables, Park City, Utah, 1970. Edited by R. M. Brooks. V, 234 pages. 1971. DM 20,-

Vol. 185: Several Complex Variables II, Maryland 1970. Edited by J. Horváth. III, 287 pages. 1971. DM 24,-

Vol. 186: Recent Trends in Graph Theory. Edited by M. Capobianco/ J. B. Frechen/M. Krolik. VI, 219 pages. 1971. DM 18.-

Vol. 187: H. S. Shapiro, Topics in Approximation Theory. VIII, 275 pages. 1971. DM 22,-

Vol. 188: Symposium on Semantics of Algorithmic Languages. Edited by E. Engeler. VI, 372 pages. 1971. DM 26,-

Vol. 189: A. Weil, Dirichlet Series and Automorphic Forms. V, 164 pages. 1971. DM 16,-

Vol. 190: Martingales. A Report on a Meeting at Oberwolfach, May 17-23, 1970. Edited by H. Dinges. V, 75 pages. 1971. DM 12,-

Vol. 191: Séminaire de Probabilités V. Edited by P. A. Meyer. IV, 372 pages. 1971. DM 26,-

Vol. 192: Proceedings of Liverpool Singularities – Symposium I. Edited by C. T. C. Wall. V, 319 pages. 1971. DM 24,-

Vol. 193: Symposium on the Theory of Numerical Analysis. Edited by J. Ll. Morris. VI, 152 pages. 1971. DM 16,-

Vol. 194: M. Berger, P. Gauduchon et E. Mazet. Le Spectre d'une Variété Riemannienne. VII, 251 pages. 1971. DM 22,-

Vol. 195: Reports of the Midwest Category Seminar V. Edited by J.W. Gray and S. Mac Lane. III, 255 pages. 1971. DM 22,-

Vol. 196: H-spaces – Neuchâtel (Suisse)- Août 1970. Edited by F. Sigrist, V, 156 pages. 1971. DM 16,-

Vol. 197: Manifolds – Amsterdam 1970. Edited by N. H. Kuiper. V, 231 pages. 1971. DM 20,-

Vol. 198: M. Hervé, Analytic and Plurisubharmonic Functions in Finite and Infinite Dimensional Spaces. VI, 90 pages. 1971. DM 16.-

Vol. 199: Ch. J. Mozzochi, On the Pointwise Convergence of Fourier Series. VII, 87 pages. 1971. DM 16,-

Vol. 200: U. Neri, Singular Integrals. VII, 272 pages. 1971. DM 22,-

Vol. 201: J. H. van Lint, Coding Theory. VII, 136 pages. 1971. DM 16,-

Vol. 202: J. Benedetto, Harmonic Analysis on Totally Disconnected Sets. VIII, 261 pages. 1971. DM 22,-

Vol. 203: D. Knutson, Algebraic Spaces. VI, 261 pages. 1971. DM 22,-

Vol. 204: A. Zygmund, Intégrales Singulières. IV, 53 pages. 1971. DM 12,-

Vol. 205: Séminaire Pierre Lelong (Analyse) Année 1970. VI, 243 pages. 1971. DM 20,-

Vol. 206: Symposium on Differential Equations and Dynamical Systems. Edited by D. Chillingworth. XI, 173 pages. 1971. DM 16,-

Vol. 207: L. Bernstein, The Jacobi-Perron Algorithm – Its Theory and Application. IV, 161 pages. 1971. DM 16,-

Vol. 208: A. Grothendieck and J. P. Murre, The Tame Fundamental Group of a Formal Neighbourhood of a Divisor with Normal Crossings on a Scheme. VIII, 133 pages. 1971. DM 16,-

Vol. 209: Proceedings of Liverpool Singularities Symposium II. Edited by C. T. C. Wall. V, 280 pages. 1971. DM 22,-

Vol. 210: M. Eichler, Projective Varieties and Modular Forms. III, 118 pages. 1971. DM 16,-

Vol. 211: Théorie des Matroïdes. Edité par C. P. Bruter. III, 108 pages. 1971. DM 16,-

Vol. 212: B. Scarpellini, Proof Theory and Intuitionistic Systems. VII, 291 pages. 1971. DM 24,-

Vol. 213: H. Hogbe-Nlend, Théorie des Bornologies et Applications. V, 168 pages. 1971. DM 18,-

ISBN 3-540-05546-0
ISBN 0-387-05546-0